KB237089

광고 사회학

광고 사회학

The Sociology of Advertising

문윤수

한국학술정보㈜

서 문

광고에 대한 논의는 자본주의 역동성을 주도한다는 차원에서 오직 기능주의적 관점에 초점이 맞추어져 왔을 뿐 그 다양한 분석은 꺼려져 왔다. 그런 의미에서 사회학적 분석은 다양한 시각을 제공하며 광고 천성에 걸맞는 왕성한 분석환경을 제공한다고 본다. 그리고 본 교재는 그 환경을 제공하고자 집필하였다. 이른바 '광고사회학(The Sociology of Advertising)'이라 일컫는 사회학 내의 세부분야는 광고에 대한 총체적이고 종합적인 통찰력을 제공하고 있으며 그렇기에 그 연구 환경 또한 무한함을 암시하기도 한다.

광고에 대한 사회학 분석의 국내 상황은 1994년 언론학자 '강준만' 교수에 의해 편역된 '광고사회학'과 1976년 프랑스의 사회학자 '제라드 라노(Gerard Lagneau)'가 집필한 '광고의 사회학'을 국내 불문학자 '김혜련' 교수가 번역한 것이 전부다. 이는 그리 풍성하지 못한 광고사회학적 연구 상황이라 본다. 물론 광고사회학적 성격을 띠는 교재들이 다수 있기는 하나 모두 광고를 종합적으로 해석하지는 않고 있으며 그렇다 보니 광고를 대중예술로서 이해하는 것이 통념화 되어 버렸다. 결국 이러한 상태는 광고에 대한 사회학적 통찰을 잘못 이해하고 있거나 종합적 분석욕구가 사회적으로 부재한 환경에서 온 결과가 아닐 수 없다. 예를 들어 '광고비평(Advertising Criticism)'이라 일컬어지는 광고의 하위연구 분야에서도 광고의 사회학적 분석이 비교적 근접하게 시도되고 있기는 하나 이 또한 광고의 개념정의에서부터 광고를 예술영역에 포함시켜 문예적 비평만을 시도하고 있어 다각적이지 못하다.

결국 본 교재의 궁극적 목적은 그간 비교적 단일한 시각으로 개념화되던 광고를 종합적이고 광범한 이해를 돕기 위함이고 '사회학(Sociology)'에서 특화된 '광고사회학'이라는 학문분야를 통해 광고사회학적 연구의 활성화를 자극, 도모하여 그간 풍성하지 못했던 광고사회학 집필 상황에 도움이 되고자 한다.

이를 위한 책의 구성은 다음과 같다. 우선 제1부 '광고사회학과 사회'에서는 광고의 사회학적 발생배경과 그에 따른 다양한 학문영역에서의 정의를 실시하였고 무엇보다도 광고에 '사회학적 상상력(sociological imagnation)'이라 일컬어지는 연구사고를 대입시켜 그 이해를 도왔다.

제2부에서는 사회학의 다양한 관점속성 그대로 조명된 광고의 사회학적 분석을 소개하였다. 그 첫 번째가 바로 비판이론에서의 광고분석인데 '맑시즘(marxism)'을 중심으로 전개되었다. 두 번째는 광고라는 마케팅 도구가 문화적인 존재로 배태되는 과정을 문화사회학적 관점에서 소개하였다. 세 번째는 광고에 대한 경제시스템관점으로 '생산자'와 '소비자'를 지속적으로 연결하는 경제매개체로서의 광고원리를 경제사회학적 관점에서 소개하였다. 네 번째는 종교로서의 광고속성 즉 '합리주의(rationalism)사회'에 존재하는 광고의 '신관(神觀)'적 변형을 분석하였는데 이는 종교사회학적 관점에서 개념화한 것이다. 다섯 번째는 공중은 늘 소비자여야 하는 광고의 일상생활의 개념화에 대하여 일상 혹은 여가사회학 차원에서 분석하였다. 이는 늘 소비로써 개념화되는 현대사회의 표준화된 일상생활을 지적하는 것이기도 하다. 여섯 번째는 후기산업사회, 즉 현대사회를 정보사회라 일컫는 차원에서 정보가 유통되는 커뮤니케이션 경로가 광고로

전면화되는 문제로서 정보사회학적 관점에서 광고를 다루었다. 마지막 일곱 번째는 광고에 대한 여러 해석을 종합하는 이론, 즉 '프랑크푸르트학파(Frankfurt school)'의 비교적 최근 비판이론을 재해석하여 광고의 역기능인, '사회통제'의 전면성을 정리했다.

제3부는 늘 광고에서 제공하는 근대화의 개념화, 즉 자본주의라는 타성에서 벗어난 광고의 위치를 살펴보았는데, 시민영역이 광고에 침식당하는 상태를 지적하였다. 이를 위해 우선적으로 살핀 것이 바로 시민사회개념화이고 그 하위 체계들을 구체적으로 제시하였다. 특히 '시민사유의 후견상태'를 용이하게 하는 거대기업의 자본논리를 광고로서 상정해 보았고 이른바 '소비지상주의 사회(consume syndrome society)'라 일컫는 현대사회의 개념이 광고환경을 매개로 가속화됨을 지적하였다.

마지막 4부에서는 광고사회학의 가장 큰 맹점이라 할 수 있는 실증적 분석을 시도하였다. 여기서는 광고의 무분별한 사회 확산에 대한 지적과 그에 대한 실증으로서 사회적 자본, 미국화, 거대복합쇼핑몰, 소비왕국, 과잉커뮤니케이션, 광고신문, 소비자주의, 자신의 생활세계 상태를 순차적으로 살폈다.

끝으로 부족한 글을 책으로 만들어 주신 한국학술정보(주)에 감사드리고 무엇보다도 추천의 글을 써 주신 목원대학교 광고홍보학과 '조전근' 교수님께 진심으로 감사의 말씀을 올린다.

추천의 글

광고는 상품판매를 촉진하기 위한 마케팅도구에서 이제는 정치, 경제, 사회, 문화 전반에 걸쳐 영향력을 행사하는 현대사회의 한 제도로서 자리매김하고 있다. 이런 의미에서 이제 광고를 바라보는 우리의 시각도 마케팅이라는 하나의 학문적 테두리에서 벗어나 정치학, 사회학, 경영학, 문화인류학, 미학적 관점에까지 그 영역을 넓혀가고 있다.

다시 말해서 소비자의 욕구를 자극해서 수요를 창조하고 대량생산 및 유통을 촉진하는 수단으로 광고를 바라본다면 이는 경영학의 한 분야이며, 정당의 정책선전이나 정치인의 이미지 제고에 활용된다면 그것은 정치학의 일부로 생각할 수도 있다. 또한 각종 언론기관을 유지하고 사회변화를 주도하며 현대사회의 실태를 투영시키는 존재로서 광고를 조망한다면 이는 사회학적 시각인 것이다. 이밖에 국가, 민족, 및 지역 간의 다문화를 소개하고 전파함은 물론 새로운 문화를 창조해가는 존재로서의 광고로 인식한다면 이는 문화인류학의 한 분야로도 볼 수 있으며 광고의 크리에이티브적인 요소를 심미적 안목으로 분석하고 연구한다면 이는 미학적 관점인 것이다.

　이 책은 이렇게 광고에 대한 다양한 스펙트럼을 담고 있을 뿐만
이 아니라 그와 같이 다각적인 시각을 총체적이고 종합적으로 바라
볼 수 있는 통찰력과 함께 광고의 역기능을 비판적 시각으로 평가할
수 있는 안목도 제공하고 있다. 그런 의미에서 <광고 사회학>으로
이름 붙여진 이 책은 광고라는 사회현상을 단순히 이해하기 위해서
흔히 참고하는 일반적인 광고교재라기보다는 광고를 응시하는 우리
의 시각적 지평을 넓혀주는 양서로서 광고에 관심을 가진 독자들에
게 반드시 한번쯤은 읽어볼 것을 권하고 싶다.

2007년 11월 20일
목원대학교 언론광고홍보대학원장
조 전 근

목 차

제 4 부 광고사회학의 실제 • 133

제1부

광고사회학과 사회

1. 광고사회학 정의에 이르기까지

광고는 경제적, 사회적, 그리고 문화적인 층위를 통해 형성되는 '중첩적 결정물(over-determined product)'이다(김영찬, 2004: 75). 이는 그 개념의 명확성보다 유연하게 하는 각 학문영역 통합을 의미하지만 현실은 그렇지 못하다. 그래서 오히려 그 영역을 통합 혹은 보충시켜주는 '사회학적 해석(sociological imagnation)'을 필요로 하는 것이기도 한데 이를 위해 각 영역별 광고정의가 선행되어야 한다.

우선 '광고학(Advertising)'에서 광고란 상품판매를 돕는 도구로서 그 기능적 개념화에 초점을 맞추는데, 생산자가 대량 생산한 상품을 대량소비하게 돕는 존재다. 물론 학문적 정의로서 설명하자면 "광고란 광고물을 승인하는 광고주를 위해 그리고 광고주에 의해 지불된 매체를 통해 전달되는 설득메시지를 가지고 상품, 서비스 혹은 아이디어를 판매하는 일을 돕는 비대면적 소통활동(non-personal communication)(정어지루, 2000: 22)"이라 할 수 있는데 이는 광고효능에 치중한 정의이다. 또한 라스커(A. Lasker)를 통한 또 다른 광고학에서의 정의는 "광고는 상품과 서비스에 대한 뉴스"라 하였고 그에 대하여 한국마케팅학회에서의 개념을 거치면 "광고는 광고주가 청중을 설득하거나 영향을 미치기 위하여 대중매체를 이용하는 유료의 비대면적 의사전달 형태"로서 생산자가 가공하는 '마케팅(marketing)수단'에 초점을 맞추고 있다. 결국 광고학에서 통합된 광고정의는 대량 상품판매를 목적으로 하는 '마케팅' 개념이다.[1)]

광고수용자 입장에서 광고를 연구하는 '소비자학(Consumerism)'에서 광고의 개념해석은 광고학과는 다소 상이하다. 즉 광고는 상품의 정보전달의 수단을 확장시켜 판매자와 소비자를 매개하는 도구에 불과한 것이고, 그렇기에 그 광고가 야기하는 문제, 즉 소비자에게 진실의 원칙에 의거해 정확한 정보를 전달하는 과정에서 야기되는 문제에 초점을 맞추고 있다. 이를테면 광고는 자기 상품에 대한 성능, 품질, 가격, 거래조건 등의 명시라는 차원에서 진실의 원칙에 반하는 규제의 대상이며, 소비자의 소비행위를 위한 감시의 대상(김영신 외, 2000: 206)인데, 앞선 광고학 개념해석에 다소 중첩적이긴 하나 통합적 사회현상으로 보는 것에는 아직도 부족하다. 결국 '소비자학'에서 광고의 개념해석은 미시적인 수준에서 생산자·소비자를 계약관계로 보는 것이고 이를 활용하거나 감시하는 대상으로 취급된다. 결국 사회현상적 광고의 영향성에는 별 비중을 두지 않는 듯하다.

광고의 거대한 영향성이 감지될 법한 '경제학(Economics)'에서 광고개념 해석은 실로 대단하지만 경제현상에만 국한되어 있는 것이 안타깝다. 즉 광고는 자본주의체제의 두 가지 경제대상－생산자, 소비자－의 대량 교류를 가능하게 한 체계로 정의되는데, 이는 시장경제의 작동과 깊은 관련이 있어서 광고가 자본주의 시장경제를 원활하게 작동하게 하는 제도로서 경제 활성화 접근이 전부라 할 수 있다. 이를 구체적으로 제시하면 두 가지 흑백논리가 작용되는데 우선

---

1) 물론 본 학문의 영역에서 그 외의 광고의 개념해석이 확대되어 있겠지만 사회의 다양한 모든 영역을 통합시켜 주는 종합적이고 거시적인 부분에는 다소 부족한 감이 있다.

광고가 끊임없이 건전한 경쟁시장으로 이끈다는 '시장경쟁학파'는 광고를 가격, 상표, 품질에 대한 정보를 주는 존재로서, 소비자에게는 정보를 탐색하는 과정의 비용을 줄일 수 있게 하는 존재로서 사회적 총비용을 절감하게 하는 고마운 존재다. 게다가 유통 면에서 '규모의 경제(Economics of Scale)'라 하여 거시적 경제구조 작동을 가능하게 하는 것이라 볼 수 있는데(Ornstein, 1977, Mark S. Albion, Paul W. Farris, 1981, 한상필, 1995: 77). 결국 생산자, 소비자 모두에게 이득이 돌아온다는 해석이다.

반면 이를 역기능으로 개념화하는 이른바 '시장지배학파'의 경우는 광고가 시장지배를 강화한다는 견해다. 다시 말해 광고를 위해선 우선적으로 생산에서 광고비가 책정되어야 하며, 또 그렇게 형성된 제품의 차별화는 가격의 탄력성을 약화시켜 기업마다 가격을 상향조정하는 결과를 낳는다는 것이다. 그리고 이렇게 구조화된 틀 안에서 광고비가 많이 투입되는 산업에 기업이 집중되고 새로운 기업의 시장진입을 어렵게 한다고 해석한다. 그런 이유로 처음 시장에 진입하는 기업보다 이미 자리를 잡은 기업은 위험요인이 적을 뿐만 아니라 기존 기업의 집중적인 광고전략이 새로운 기업의 시장진입을 봉쇄하는 결과를 낳는다는 것이다(Mann, H. Michael, 1974, Mark S. Albion, Paul W. Farris, 1981, 한상필, 1995: 124). 결국 광고는 소비자에게 구매가격을 올리고 신생 기업의 등장을 방해하는 것으로 인식되고 시장을 독점적으로 지배하는 경향을 지닌 것으로 개념화된다. 이와는 달리 경제학에서의 정의는 사회학적 통찰력이 엿보이기도 한다. 즉 경제라는 제도에서뿐이지 종합적 사회현상으로 해석하려는 사회학적 욕구를 완전히 충족시켜 주지는 못한다.

'사회학(sociology)'에서 광고란 위 전공들의 전문화된 영역 간 거리를 메워가며 종합화를 시도한다. 이는 다시 말해 광고가 마케팅의 도구적 기능, 소비자의 부당한 정보제공, 거대경제시스템의 작동원리를 포함하며, 더 나아가 인간의 사회의식적 차원에까지 확대되어 거대하고 종합적인 것으로 다루어진다는 의미다. 여기서는 이른바 '사회학적 상상력(sociological imagination)'이라 일컫는 방법론이 적용되는데, 이는 다양한 포커스로 광고를 투영해 보는 것으로서 앞선 개념해석들을 보충한다. 이를테면 광고란 제품의 특성을 알리고 그것의 판매를 '촉진(promotion)'하는 임무로 삼는 것에서부터 '정보(information)', '설득(persuasion)'으로 그 다음에는 계획된 소비를 목표로 하는 '은밀한 설득'(Jean Baudrillard(배영달), 1998: 104)이라는 의도적으로 이면화된 '사회의식'까지 설명해 준다는 것이다. 결국 사회학에서 광고의 개념은 인간이 활용할 대상이 아니라, 인간과 인간의 '사회적 욕구'을 완전히 조절하는 위협의 혹은 행복의 사회현상으로 파악될 수 있는 것이다.

이러한 사회학적 해석이라면 앞선 여러 학문적 분야-마케팅의 도구적 기능, 소비자의 부당한 정보제공, 거대 경제시스템의 작동원리로서 활용대상-와 달리 인간은 이미 더 이상 자유로운 광고의 사용자가 아니라는 것인데(위의 글, 104), 인간은 오히려 광고의 조정을 수용하는 나약한 존재로서 인식되는 것이다. 그런 의미에서 '이데올로기(ideology)'가 사용되는데 그 설명을 위해서는 광고를 둘러싼 사회학이론들이 돋보인다. 그중에서 이른바 '맑시스트(Marxist)'라 일컬어지는 비판이론가들은 광고란 '대량소비사회(Mass-consume Society)'의 '유지(maintenance)'와 '형성(formation)'을 위해 공헌-결국 불평등한 계급적 자본주의의 영속화-하고 필요하지 않은 물건을 구매하게 하는 대중설득의 존재(Nicholas Abercrombie, Stephen Hill & Bryan S. Turner, 2000: 6)로 보는 것이다. 이는 다시 말해 늘 새로운 소비사회 지속을 위해 대중에게 그 지속적인 허위이념을 특별한 '사회활동문화(societal culture)'로 가공·소통시키는 것이다(위의 글, 2000:6).

그러한 '맑시스트'의 해석이라면 광고는 '아이덴티티(identity)'가 구

축된 '지위상품(positional goods)'으로서 이를 찾는 개인소비자들에게
는 자기 정체성의 형성도구인 셈이다. 그리고 그런 이유로 많은 '포
스트모더니즘(post-modernism)' 연구에서는 이른바 '이미지(image)'라
하는 것조차도 그 이념 주입에 가장 탁월한 도구로 해석해 오고 있다
(위의 글, 2000: 7). 결국 현대 소비대중사회의 광고는 상품판매 수단
이라는 도구적 기능을 넘어서 이데올로기로서 문화적 기능까지 수행
(김영찬, 2004: 227)하는 것이고 이는 상업적 이데올로기 생성의 도구
이자 이미지적 표출인 것이다.

그런 이유로 사회학에서 광고는 사회정치적 현상으로서 사회를 변
화시키거나 아니면 사회의 변화를 반영하는 존재로 파악되는 것이
다. 이런 이해라면 '광고사회학'은 이와 유사한 '광고비평'과 비교될
만하다. 그러나 광고비평은 광고물을 대상으로 문예적 혹은 기능적
으로 분석하는 경향이 강하고 광고사회학은 광고 제도를 하나의 사
회현상으로 취급하여 소비자 혹은 대중의식의 기이한 변화를 개념화
하여 현 사회의 실태를 파악하는 것으로 봄이 옳다. 예를 들어 매스
미디어와 연계된 방송 프로그램 내의 간접광고, 미래고객을 위해 홍
보회사와 연관된 어린이 대상의 홍보전략, 기업의 독자적인 이미지
구축을 위한 민간단체와의 협력적 오지(奧地)지원, 구매수단의 복잡
다양화, 사회조사 회사와 연계된 시장세분화 전략, 이들의 유행화
(trendization), 자금후원에서 소품지원에 이르는 대중문화의 관여와
연기자의 판매촉진 행위, 컨설팅회사의 기업 브랜드 가치구축을 위
한 특수매체 활용, 광고메시지 유통경로의 다양화와 고객관리 시스
템, 수익금의 소년소녀가장 돕기 기사화 혹은 자발적 시민참여를 유
도하는 거대기업 봉사행위, 의료사업 추진 등의 '공공영역'에의 관여
라는 광고의 '정치행위'가 대중의식에 기이한 변화를 초래한다. 결국
광고에 대한 문제제기를 위와 같이 수행하려면 '사회학'이라는 학문
영역이 비교적 적합하며, 그래서 종합적이라 할 수 있다.

광고는 거대자본주의 논리에 의해서 좋든 싫든 현대자본주의 사회에서 우리가 매일매일 만나는 생활의 일부가 되었다. 때로는 귀찮지만 때로는 재미있고, 때로는 소란스럽지만 때때로 유용한 정보를 제공하는 양면적 존재여서 자본주의 사회를 구성하는 중요인자로서 빼놓을 수 없는 존재라 본다. 그리고 그 양면성은 자본주의 전반에 시스템화 되어 종합성을 띤 제도로 인식되어야 한다는 것인데 한 가지 예로서 최근 생산체제와 경기활성화 정도가 퇴행하는 상황으로 인해 광고와 광고산업이 지금까지 인식되어 온 것과는 달리 하나의 비용으로만 인식되어 그 중요성과 의미를 상실해 가고 있다. 이러한 인식은 광고산업의 위축화를 가져왔고, 나아가 매체산업에 영향을 주고 있으며, 이는 다시 경제산업 전반에 영향을 미쳐 악순환이 계속되어 가고 있다. 그러나 이를 걱정해가며 광고가 하라는 대로 기꺼이 지갑을 여는 소비자는 없다. 그런 사실만으로도 광고는 단순히 경영적 도구로서 개념화할 수 없다. 광고는 사회를 구성하는 종합적 시스템으로서 그 태생적 속성상 한 사회를 설명하는 종합적 '설명문'이라 해도 과언이 아니다. 결국 광고를 단순한 도구적 기능으로서가 아니라 종합적 사회시스템적 기능 혹은 역기능으로서 설명해야 그 개념이 완성되는 것이며 그러한 학문적 욕구로 탄생한 것이 바로 '광고사회학(The Sociology of Advertising)'이다.

결국 '광고사회학'은 '자본주의(capitalism)'라는 사회체계 탄생과 깊은 관련이 있다. '베버(Max Weber)'의 말대로 자본주의와 발흥 원인을 '개신교(protestant)'의 종교적 동인인, '합리주의(rationalism)'라 진단한다면 그 합리주의의 실천은 바로 촉진행위의 실천이며 그 촉진의 필연적 형태는 바로 광고가 되는 것이다. 따라서 광고는 경제적인 근대화, 즉 자본주의를 추진한 사람들의 자연스러운 각자의 욕구가 종합되어 비롯된 것이기에 광고를 한다는 것은 자본주의 발흥과 그 과정을 학습하는 것이기도 하다.

'광고사회학'의 이러한 해석은 광고라는 제도를 아주 필연적인 사회현상으로 이해함을 도우며 광고가 설명하려는 자본주의 외의 다른 영역까지 모색하는 종합성을 띠어 단순 영업행위와는 구별된다. 이를테면 자본주의 사회에서 '생산자' 혹은 '소비자(consumer)'이지만 민주주의 사회에서는 '정치가'이고 '국민(nation)'이며, 시민사회에서는 '정책입안자'이고 '시민(citizen)'과 복잡하게 얽혀있는 광고, 광고사회학은 광고에 대한 종합적이고 광범위한 분야라 할 수 있다.

결국 광고사회학에서 취급하는 광고 규모는 광고라는 학문적 발생처라 할 수 있는 '광고학(advertising & public relation)', '소비자학(consumerism)', '경영학(management)', '언론학(journalism)', '경제학(economics)' 등에서와 달리 실로 방대하다. 그런 의미에서 단순히 자본주의의 꽃으로 불리는 '광고(廣告)'의 은유는 '광고사회학'에서 늘 부족하다.

2. 광고사회학의 연구배경

광고사회학은 '광고비평(廣告批評)'과 유사한데, 광고환경의 파장을 '거시적(巨視)'적으로 이해하려는 의도에서 더욱 그러하다. 이를테면 문화와 권력, 문화와 자본이 서로 어떠한 방식으로 작동하는가를 성찰하여 현대사회의 일상문화를 지배하는 '깊은 구조'를 세밀하고 두껍게 읽어내려는 광고환경에 대한 비평(김영찬 외, 2004: 36)과 같은 연구형식이라 볼 수 있는 것이다. 하지만 무엇보다 중요한 것은 여러 선행연구들을 통해 확인되어 오고 있는 거시적 통찰을 현실에 적용해 보는 것이 광고사회학이어서 광고비평과의 다른 점은 비평 담론만으로 남는 게 아니라 실천이라는 점이다.

그런 의미에서 그 실천은 우선 비판사회학이론을 차용하여 광고의 거시적 연구를 시도하는 '유엔(Stuart Ewen)'이 대표적이다. 유엔은 1976년 그의 저서 "*Captains of Consciousness: Advertising and the Social Roots the Consumer Culture*"에서 '사회통제'로서 광고환경을 거시적으로 평가하고 있다. 그에 따르면 광고야말로 '소비주의'라는 새로운 통제 세계관을 탄생시켰다고 역설했는데 광고로 조성되는 소비적 환경이 노동자를 단순히 '임노동자'만으로 보는 것이 아니라 때론 '소비자'로 간주하여 그들에게 더 많은 임금을 주고 더 많은 소비를 강요하는 것이라 하였다. 그리고 이는 자본가의 무한한 번영에만 기여한다고 하여 미국사회의 '계급의식'상실을 경고하고 있다.

같은 맥락에서 1987년 '셜리(Sut Jhally)'의 연구는 광고사회학의 접근과 유사한 것으로 판단된다. 우선 그는 그의 저서 "*The code of Advertising-Fetishism and political economy of meaning of in the consumer society*"에서 비판사회학이론을 십분 차용해 일상생활의 광고환경을 비판하고 있다. 즉 광고로부터 문화, 정치, 경제의 접점을 찾는 과정에서 역시 수용자의 사회통제를 역설하고 있는데, 여기서 무엇보다 중요한 것은 그 사회통제에 대하여 실증분석을 시도했다는 것이다. 광고환경으로서 1000개의 미국 네트워크 광고에서 '물신주의' 조장의 약호를 개념화하고 그 빈도와 추이를 살펴, 비판사회학이론 초반에 거론되는 '맑스(Karl Marx)'의 '물신주의'를 가장 근본적인 차원에서 비판·실증하고 있다. 결국 광고가 늘 물신주의를 추종하게 하는 소비로서의 '인간관계'를 개념화한다는 면에서 '비판사회학이론'과 일치하는 것이다.

1995년 '정보사회(information society)'의 중요성이 부상될 무렵 광고사회학적 연구라 유추할 만한 주장은 '프랭크(Webster Frank)'의 '정보사회이론(*Theory of Information Society*)'에서 광고의 거시적 비평의 시도다. 그는 비판사회학이론을 투영해 정보사회를 비판한 '쉴러(Hurbert Schiller)'의 평론에서 광고환경의 경로와 메시지의 과잉을 도출해 냈는데 가히 폭발적인 소비정보의 증가를 비판하여 이른바 '정보폭발'은 광고폭발이라 단언하였다. 이는 결국 정보와 통신매체의 급속한 확산·개발이 인간 커뮤니케이션의 편리성보다 대량소비정보의 전달목적으로 인간사고를 늘 소비와 유관하게 통제하는 것이라 지적하였다.

2000년 사회학자인, '크로토(David Croteau)'와 '호인스(William Hoynes)'는 그들의 미디어 비평서, "*Media Society: Industry Image and Audiences*"에서 비판사회학이론에 근거해 광고환경을 지적하고 있다. 즉 광고환경의 지나친 확산으로 범세계적 소비주의를 경고하는 차원인데 그야말로 무한히 확장된 미디어는 전세계적 문화를 소비로서 표준화시킨다는 것이다. 이른바 '미국화(Amricanization)'라 일컬어지는 획일적 이 세계문화는 현재 리바이스, 맥도날드, 디즈니월드, 할리우드, 스타벅스 등으로 상징되어 세계적인 표준문화로서 추종되며, 전 세계적 확산에 문제가 제기되는 것이다.

비판사회학이론을 차용한 최초의 광고사회학적 국내문헌은 1990년 '정어지루'의 연구 "광고의 사회적 평가에 관한 연구"에서다. 물론 '광고윤리', '광고비평'의 색채가 보이지만 그 통찰력은 '광고사회학'에서의 종합적 상상력이 돋보이는 연구배경이기도 하다. 사실 앞선 외국문헌들 모두 따지고 보면 광고의 사회적 평가를 제시하는 것이기도 한데 그런 의미에서 정어지루의 연구는 당시 국내에서 급속히 성장하는 광고환경을 성찰하기 위하여 과도한 광고환경에 비판을 시도하기도 하였다. 그러나 그는 그 이론을 통해 광고가 통제하는 인간취향, 그 취향의 손상, 그리고 더 나아가 물질주의 조장이라는 '사회통제'적 일면에 동의하면서도 역으로 광고환경의 긍정론을 펼치고 있다. 결국 광고환경에 대한 일상적인 비판과 일상적인 방어는 아주 다른 이론체계로 도달할지라도 같은 점에서 끝나야 되고, 어차피 광고란 자본주의 사회에서 철회될 수 없는 제도이기에 역기능은 적극적 소비자보호운동으로 보완되어야 함을 예견하고 있다.

국내 광고산업이 어느 정도 성숙기에 이를 무렵인 1990년 '정연우'는 "광고가 당신을 세뇌시키고 있다"라는 충격적 광고사회학적 평론을 내놓았다. 본 평론은 철저히 비판사회학이론에 입각한 거시적 지적이다. 대중은 언제나 부지불식간에 광고에 의해 움직이며 끊임없이 무언가를 구매하고 있는데 대중들의 일상생활 모두가 개념화됨을 경고하였다. 이를테면 선물 없는 효성은 더 이상 의미가 없으며 자신의 정체성을 소비로써 보여줘야 하는 강박 등등의 사례는 광고가 인간을 소비의 대상으로 표현하고, 인간생산과 노동·성취를 철저하게 외면시키고, 인간현실을 소비주의라는 체험시킨다는 것인데 이는 소비맹신을 위한 '인간세뇌'와 다를 바 없다는 의미이다. 결국 비판사회학이론을 통해 익숙한 자본주의의 '이데올로기(ideology)' 재확인이기도 하다.

오랜 기간동안 '강준만'은 많은 평론에서 국내 광고환경에 대한 강한 광고사회학적 문제제기를 지속적으로 행해 오고 있다. 그중 1994년 "광고공화국의 고독한 군중"이라는 글에서 그는 광고가 대중의 '타자지향성'을 가지고 장난친다고 하였다. 이는 다시 말해 광고는 자아를 상실한 대중의 자아를 모조품으로 채워주는 존재라서 바로 소비주의 실천으로 채워준다는 것이다. 그리고 그러한 주장을 더 확대하여 이른바 '공론의 장'으로서 활용되어야 할 '언론매체'조차도 타자지향주의 광고로 넘쳐만 가는 것을 개탄했다. 결국 소비적 메시지만 난무하는 국내 언론매체 환경은 소비자만 양산할 뿐이지 시민은 양산하지 못한다는 '비판사회학이론'을 그대로 적용하고 있다.

광고사회학에서 빠질 수 없는 지적이 바로 '물신주의(fetishism)'다. 이에 대하여 1999년 '신태섭'의 연구, '현대광고의 의사종교적 성격에 관한 연구'는 그 핵심을 증명하고 있다. 그에 따르면 합리성을 최대덕목으로 취급하는 과학주의의 현대사회는 시민을 원시사회로 회귀시키고 있다 하였는데, 바로 물신숭배의 토템사상, 브랜드주술행

위에 추종하는 소비자만 봐도 그 비유가 타당해 보인다. 또한 현대
사회의 사회관계는 상품생산과 소비에 둘러싸인 왜곡된 권력관계에
있다 하여, 그 왜곡된 관계는 광고에 의해 사회적으로 표현되고 발
현되고 더 나아가 해결된다 주장하였다. 이는 다시 말해 애초에 왜
곡된 인간관계의 원인은 사회구조에 있지만 그 해소는 오히려 광고
가 지시하는 대로 소비하는 것이고 그 실천은 종교적 의례활동으로
서 해석된다는 것이다. 그러나 이는 결코 해결이 아니라 종교의 속
성과 유사한 특정행위(소비)로 사회를 통제하는 것이다.

2004년, 광고환경을 시장 메커니즘의 통제로서 거론한 '김영찬'의
연구 "광고비평과 질적 연구방법"은 광고에 대한 종합분석을 시도하지
않았지만 비판사회학이론에 입각해 '광고(advertising strategy industry)'
야말로 천민자본주의 병폐를 거시적으로 통찰해 주는 대상이라 하여
광고사회학에 입각한 연구 아이디어를 제공하였다. 이를테면 지나친
소비를 조장하기 위한 '설득행위(persuasion)'와 '조작행위(manipula-
tion)'의 도구에서부터 시장의 메커니즘(Mechanism)에 해악을 끼치는
것, 그리고 대중의식의 자유를 통제하는 것, 사람들의 욕구와 욕망을
끊임없이 만들고 관리하려는 사회적 관리 시도에 이르기까지 광고사
회학에서 광고의 역기능을 신랄하게 제시하고 있다.

최근 정보사회에 대한 광고사회학의 보다 실질적인 지적은 2004
년 '문윤수'의 "정보사회에서 사회통제로서 광고연구"다. 이 연구는
정보사회로 진입하면서 할인이라는 편익으로 급속도로 확산되는 광
고환경에 대하여 비판사회학이론을 적용해 거시적으로 비판하였는
데, '할인카드'라는 마케팅적 시스템이 소비자의 '데이터베이스(data-
base)'를 지속적으로 요구하는 만큼 오히려 그 시스템이 소비자의 소
비행위를 통제한다 하여 이를 실증하였다. 즉 할인카드의 활용도가
높은 사람일수록 오히려 자신의 소비행위 통제를 감지하지 못하고
소비자 스스로가 할인이라는 편익으로 자신의 정보를 기꺼이 내주는

만큼 자신 주변에 넘쳐나는 시스템적 광고환경을 문제시하지 않거나 못하는 것으로 추정하고 있다. 결국 소비자의 정보가 관리 또는 통제되는 광고시스템을 통하여 사람들은 늘 소비적 일상에서 벗어나지 못하게 된다는 광고사회학적 지적이다.

지금까지의 광고사회학의 연구배경에서 투영되는 광고의 지적은 소비주의만으로 사람들의 자율적 의식을 통제하는 사회통제다. 이는 비판사회학이론에서 거론되는 가장 큰 핵심이기도 하다. 그러나 그간 국가경제성장과 같이 견주어 보다 종합적으로 지적하자면 더 광범한 비판이 되는데 사람들이 경제성장으로 씀씀이는 향상되었지만 사회의식은 그 성장에 못 미치고 있는 게 현실이다. 즉, 유명브랜드의 의류를 어디에서 저렴하게 구매할 수 있는가, 혹은 자신의 외모 스타일 성찰은 기가 막히게 잘 해내지만 복합쇼핑몰등장이 지역시장을 고사시키거나 지역정책이 상업적으로 과용된다는 염려는 뒷전이다. 그러나 이미 확산된 광고는 이러한 사회성찰을 차단시키고 전자의 성찰을 늘 요구한다. 그래서 광고사회학에서의 광고지적은 의식성찰을 늘 소비주의 확산으로 저지당하기에 못마땅한 것이다. 그도 그럴 것이 현재 우리 사회의 비정상적 소비집착현상 즉, 명품집착, 과소비, 청소년 신용불량자, 고가제품소비 등은 광고사회학에서 필히 지적되어야 할 가장 생생한 연구 주제들이기도 하다.

3. 광고사회학 연구의 최근 상태

현대사회의 광고라는 것은 삶에 필수적인 공기와 같은 존재로 자리를 잡았다. 그래서 광고란 주위에 지천으로 널려 있어 마치 공기처럼 매일 호흡하고 살아가게 하는 아주 흔한 존재다. 그러나 그렇게 흔해도 내부적으로 아주 복잡한 메커니즘을 지녀 아무도 자유로울 수 없는 거대권력으로서 대중을 향한 그 책임감이 막중하다(문애란, 2004: 8). 결국 흔하지만 복잡·거대함에 따른 책임감이라면 광고를 방대하게 연구해야하고 그래서 광고에 있어서 사회학대입은 그 규모에 있는 것이지 특정분야에 세분화된 정밀성에 있는 것이 아니다. 이를테면 마케팅 도구로서 '광고홍보학', 소비자주의의 '소비자학', 기업경영의 일부분으로서의 '경영학', 커뮤니케이션차원에서 '신문방송학', 경제시스템의 한 원동력으로서의 '경제학'이 아니라 이들 모두를 종합하는 '종합성'이다.

결국 광고라는 것은 소비자의 개별적인 소비행위를 보호하거나 시정하기 위한 미시적 비판대상이기보다 과도한 사회적 파장이나 사회적 책임을 지적하기 위한 종합적인 관점에서 접근해야 한다는 것이다. 그런데 여기서 '사회적 파장'이란 그간에 전통적인 시각에서 광고가 단순히 과장이 지나쳐 일부 수정되면 괜찮은 존재가 아니라 사회심리적인 것으로 사람들의 자율적 사고를 소비로 통합시키기 위해 전면화 됨에 대한 문제를 의미하는 것이다. 이를테면 광고가 개념화하는 사람들의 주체적 사고란 다른 체계영역에서 시민자격을 거부하고 망각하여 '거대기업 자본주의(corporate capitalism)'에 예속·대체되기를 자처하고, 그러한 문제의식 자체를 불감(不感)하거나 기업에게 그 자격 자체를 내맡겨 버려서 무한히 확장되는 광고환경 속에서 '사회적 파장' 개념은 광고사회학지적의 중심이 되는 것이다.

이러한 광고사회학의 거시적 지적은 사실 그리 생소하지 않다. 이미 오래 전부터 비판사회학에서 광고는 시민사회(민주주의)의 걸림돌로서 비판되어 왔다. 오로지 소비만을 탐닉하게 만드는 거대기업의 광고환경, 그 탐닉을 비판하지 못하는 시민, 제 3영역의 붕괴 등은 광고사회학에서 늘 거론된 흔한 주제이기도 하다. 그러나 이 광고환경은 항상 경제활성화 차원에서 긍정 평가되어 그 폐해의 문제를 드러내지 못하고 있는 게 현실이다. 결국 이런 이유로 현대인은 늘 기업 전략을 지지해 쇠만을 향유하고 충실한 '소비자'로 개념화될 수밖에 없는 것이다.

최근 들어 '정보화 사회(information society)'라 일컬어지는 현대사회는 정보유통의 모든 경로가 소비유도를 위한 광고산업의 경로로 무분별하게 확장 또는 이용되면서 인간생활의 모든 영역에 상업적 가치가 침투되고 있다.(Schiller, 1992: 3) 그야말로 진보된 정보환경 속에서 현실에 대한 통찰과 문화정치적 개입 그리고 사회비판적 실천이 차단되는 상태인데 이를테면 (김영찬 외, 2004: 36), 광고환경의 폭발적인 증가, 스포츠 후원, 직접우편, 그리고 기업이미지 제고 등(Webster, 1995, 조동기, 1997: 129)에서 사람들은 지속적인 소비훈련이라는 강박에 복종한다는 것인데(Habermas, 1989: 192) 결국 그렇다면 현재의 광고사회학 주제도 변함없이 거시적이고 종합적인 '사회통제'로 흘러가야 하는 것이다. 이는 광고 스스로가 보유하고 있는 '사회적 역할'[2]에 무게를 싣는 것과 관련해서 광고 자체를 시대의 경향을 뒤따르는 나약하고 수동적인 시정수준이 아니라 사회적 가치를 통제하는 '사회통제(social control)'의 강력한 존재로 봐야 하는 것인데 사실 이러한 문제제기는 '프랑크푸르트학파(frankfurt school)'의 이론을 차용한 현재의 담론서에서도 여전히 흔하다 볼 수 있고 그 이유는 아주 오래 전부터 광고에 대하여 지적만 되어졌을 뿐 그 실천이 없었기 때문이기도 하다. 사실 광고사회학의 학문적 몫은 실천하는 것이다. 광고에 대한 문제제기는 많지만 그 개선을 위한 실천은 그리 많지 않다. 결국 광고사회학 연구의 최근 상태는 실천이 없다는 것이고 광고사회학은 이를 위해 과감한 실천을 보여줘야 할 때다.

---

2) 광고는 어떤 지점에서 사회적 가치를 반영하고 또 어떤 경우에 사회적 가치를 창조하는 것 사이에 있다. 비평가는 광고가 반복적으로 이 선을 넘나들면서 사회적 통제의 도구로 발전한다고 주장한다(정어지루, 2000: 34).

① 광고의 습격

마이크로소프트(MS)는 비행기 좌석 식탁받침대에 신제품 광고를 실었다. 화장실 표지판이 주류 광고에 이용되기도 한다. 남자가 바에 앉아 있는 모습으로 변형됐다. 공항 검색대의 소지품 보관함에 설치된 광고는 공항 이용객이면 누구도 벗어날 수 없다. 달걀에 방송 프로그램 광고를 인쇄하는 아이디어도 눈에 띈다(위부터). 신문이나 TV를 활용하는 전통적인 광고와 구별하기 위해 '대안 광고'라고 불리는 이런 게릴라식 광고에는 장벽이 없다. 유에스항공의 비행기 좌석 식탁받침대를 펴면 마이크로소프트(MS) 광고가 나온다. 좁은 공간에서 식사를 하는 동안은 이 광고에서 눈을 뗄 수가 없다. 이 항공사는 멀미용 비닐백에도 광고를 판매하려 시도 중이다. 공항에서 보안 검색기를 통과할 때 소지품을 넣는 통에도 어김없이 광고문구가 등장한다.

나이가 어려도 게릴라식 광고를 피해갈 수 없다. 월트디즈니사는 지난해 여름 '리틀 아인슈타인' DVD를 발매하면서 2000여 개 소아과 병원의 진찰대를 덮는 일회용 종이 덮개를 광고매체로 활용했다. 병원들은 의료용 종이덮개를 공짜로 받는 대가로 광고를 허용한다. 어린이용 타이레놀을 광고하는 종이덮개도 등장했다. 건물 벽과 엘리베이터 바깥 문은 이미 대안광고에서 '고전'으로 분류된다. 한 조사에 따르면 미국 도시 거주자 1인 당 광고 메시지 접촉 건수가 30년 전까지 하루 평균 2000여 건이었지만 최근에는 5000건으로 두 배 이상 증가했다. 광고가 생활 영역에 더욱 깊숙이 침투한 것이다.

대안광고 물량은 여전히 기존 광고에 비하면 매우 적다. 그러나 2000년 2400만 달러(약 218억 원)에서 지난해에는 3억8700만 달러까지 크게 늘어나 급성장 추세다. 인터넷상의 스팸메일에 거부감이 커지는 것처럼 이 같은 무차별적인 광고에도 역풍이 만만치 않다. 체이스뱅크와 커머스뱅크는 지난달 뉴욕 시내 보도에서 빔(광선 투사)을 이용해 광고를 시작했으나 시민들의 불만이 높아지면서 뉴욕시가 빔 사용을 금지했다. 자동차보험회사인, 가이코는 맨해튼의 관문인 조지워싱턴 다리에 광고물을 설치하려 했으나 "다리의 미관을 해친다"는 지적 때문에 결국 무산됐다.

(사진출처: 광고의 습격,
동아일보 2007. 1. 17(수) A17면)

② 라이프스타일의 개념화

우리는 각자 라이프스타일에 주변 사람과 상관없이 독립적이고 독특하다고 들 말한다. 그래서 늘 개성을 중시하며 자기가 개성적인 사람임에 틀림이 없다고 과시한다. 그러나 이에 대하여 정말 냉정하게 생각해 보면 그 개성은 오히려 몰개성이 아닐 수 없다. 이는 사람들의 패션에서 그 세대구분이 가능하다는 것에서도 알 수 있는데 각자 강조하는 자신만의 라이프스타일이란 세대별 누군가가 결정해 준 표준에 수긍하는 형태에 불과하다. 결국 우리는 개성을 중시하는 독립체가 아니라 표준을 중시하는 집단체인 것이다.

본 사진에서는 가정의 몰개성을 지적하고 있다. 광고는 시대에 따라서 이 정도의 물품은 구비해놔야 이 시대의 뒤지지 않는 가정생활임을 각인시키며 모든 가정이 그 표준을 취할 것을 권고한다. 이를테면 주거지의 일정규모에서 하이파이 건축, 소파, TV, 고급 탁자, 카펫, 진공청소기 등 광고가 드디어 각 가정마다의 라이프스타일까지 관여하기 시작한 흔적이라 볼 수 있다.

요즘도 많은 광고들에서 알게 모르게, 의식 무의식으로 사람들 각자의 라이프스타일을 표준화시키고 있는데 많은 사람들의 생활에 불만을 품게 하는 것이다. 예를 들어 현재 주거지는 세련되지 못하여 새 아파트로 이사 가야 하는 부담, 현재 TV는 투박스럽기에 평면 TV로 꼭 교체해야 하는 강박관념, 감각 있는 주부라면 식기세척기나 드럼세탁기 정도는 구비해 놓고 있어야 한다는 사고 등 이루 말할 수 없는 불만거리다. 결국 사람들은 광고가 결정해 준 물품구비가 이루어진 후에 비로소 안심하는 것이다.

(사진출처: Just What Is It That Makes Today's Homes So Different,
So Appealing?, Richard Hmilton(UK), 1956
/ 애드버스터즈, 길예경 외 역(Kalle Lasn), 2004: 209)

③ 이념은 다르지만 우리는 하나

본 사진은 소속정당이 달라 어울 빌 것 같지 않은 부부지만 서로 행복함을 드러내고 있는 광고다. 어찌 보면 정당이 다른, 아니 이념이 다른 부부인 만큼 갈등이 끊임없을 것 같지만 이들은 행복하기 그지 없다. 그러나 애석하게도 그 이유는 아메리칸익스프레스 카드로 같이 소비하고 있다는 웃지 못할 이유에서지 기대했던 다른 이념 간의 탁월한 타협력은 결코 아니다.

요즘은 정치참여까지 광고가 관여한다. 이들의 숭고한 정치참여가 광고효과에 쓰이고 있다는 것인데 이 상황을 바꿔 말하면 두 사람의 상이한 정치이념으로는 결코 행복해질 수 없으며 익스프레스 카드 소비만이 화합을 유지시켜 주는 것이라 할 수 있다. 만약 그것 이 사실이라면 이 정당대변인들의 사고가 썩 괜찮아 보이지 않는다. 이런 가벼운 사고로 어떻게 정치를 하려 하는지 순수한 그 정치의지가 의심스럽다. 그래서 카드회사 홍보대변 인이 더 어울리지 않나 한다.

우리는 서로 출신성분, 더 나아가 인구통계학적 배경이 다르지만 친근해지거나 연대의 식까지 느낄 때가 있는데 이는 다름 아닌 광고에 의해 형성된 브랜드 가치를 공통적으로 공유하고 있다는 데서다. 그도 그럴 것이 미국사회통합도 바로 그런 원리다. 미국사회는 세계적으로 유래가 없을 정도로 다양한 민족으로 구성되어 있다. 그럼에도 불구하고 국민통 합을 이룰 수 있는 것은 바로 상품브랜드 취득이라는 공감대다. 이는 다시 말해 국민갈등 의 씨앗을 없애 주는 것이 바로 광고라는 것인데 광고는 이들을 소비문화를 통합적으로 공유 하여 화합을 이르게 해 주는 고마운 존재다. 그러나 이는 소비라는 영역에서만 그렇지 진 정한 정치참여, 시민의식 발휘와는 무관하다. 그렇다면 정치참여의 빈자리는 누가 차지 할까 의문이 들겠지만 이마저도 기업이 메워나간다. 그래서 본 광고의 두 정당인은 기업 이 매개해 줘서 늘 행복하다 착각을 하는 것이다.

(사진출처: 럭셔리 신드롬, 최기철 역(James B. Twitchall), 미래의 창, 2003: 94)

제**2**부

광고사회학적 사고

1. 사회현상으로서 광고인식

광고를 기업 혹은 그 기업의 상품가치를 소비자에게 소개하거나 마케터도구로 이해해 버린다면 더 이상의 사회학적 인식으로 이행하기 어렵다. 이는 다시 말해 광고학[1]이나 경영학, 소비자학 등의 여타 학문에서 제공하는 광고정의가 '도구적 합리성'에만 머물러 있는 관계로[2] 광고를 중심으로 하는 총체적이고 복잡 다양한 이야깃거리가 만들어지지 않는다는 것이며, 그렇기에 본체의 거시적인 현상을 연구하는 '현상학' 중심의 사고인, 사회학적 광고인식이 필요한 것이다.

---

1) '광고학(Advertising and Public Relation)'에서 광고란 상품판매를 돕는 도구로서 그 기능적 개념화에 초점을 맞추며 생산자가 대량 생산한 상품을 대량 소비하게 돕는 존재라고 정의한다. 학문적 정의로서 설명하자면 "광고란 광고주를 승인하는 광고주를 위해 그리고 광고주에 의해 지불된 매체를 통해 전달되는 설득메시지를 가지고 상품, 서비스 혹은 아이디어를 판매하는 일을 돕는 비대면(non-personal)적 의사소통(communication)활동(정어지루, 2000: 22)"이라 하기도 하고, 라스커(A. Lasker)는 광고를 상품과 서비스에 대한 뉴스라고 정의한다. 또한 한국마케팅학회에서의 개념은 "광고는 광고주가 청중을 설득하거나 영향을 미치기 위하여 대중매체를 이용하는 유료의 비대면적 의사전달 형태"로 정의하면서 생산자가 가공하는 '마케팅(marketing)수단'에 초점을 맞추고 있다.

2) 물론 동 학문분야에서 이러한 입장에서만 광고를 바라보지 않는다고 본다. 그러나 일반적으로 광고학에서 광고는 도구주의에 입각하여 정의를 내리고 있다.

‘현상학(phenomenology)’은 본래 지극히 미시적인 관점으로 특정 현상에 대한 ‘인간행위’의 질서를 살피는 연구분야이다. 일찍이 ‘후설(Edmund Husserl)’은 그 현상학을 다음과 같이 설명하였다. 대부분의 사람들은 세계가 아주 질서 있는 것으로 보지만 그러한 ‘자연적 관점(natural standpoint)’ 혹은 ‘자연스러운 태도(natural attitude)’는 현상학적 과정발견에 장애물로 여겨진다는 것이다(최재현(George Ritzer), 2000: 331). 그래서 현상 안에서 당연시 되는 사고는 그 어떤 ‘의향성(intentionality)’이 발견되지 않았다 하였다. ‘슈츠(Alfred Schutz)’는 이를 더욱 구체적으로 설명하였는데 이른바 ‘생활세계(life world)’라 일컬어지는 현대인의 일상은 늘 당연시되지만 그 안에서 행위자들이 어떠한 관계를 어떻게 만들어가고 있는지 발견하는 것은 늘 무관심한데 그 무관심에 의문제기가 바로 현상학의 시작이라 하였다(최재현(George Ritzer), 2000: 360). 그러나 이 또한 일반적으로는 체감할 수 없기에 ‘가핑글(Harold Garfinkel)’은 ‘규칙위반(rule breaking)’이라는 현상학적 방법론을 제안 했는데3) 그에 따르면 우리 일상생활을 둘러싼 수많은 암묵적 규칙관계들이 쉽게 파악되어 현상학 이해에 도움이 될 수 있다는 것이고(석현호, 2004: 68) 그래서 사회학적 광고인식도 그리 어려운 것만은 아니다.

그러나 그러한 시도 모두는 인간의 행위 즉 다분히 미시적인 차원에서다. 따라서 거시적 사회현상을 분석하는 것과는 다소 거리가 있다. 그러나 ‘사회학’적 현상학에서 ‘버거(Peter Berger)’와 ‘루쿠만(Thomas Luckmann)’을 거치면 미시적인 현상학적 직관을 보다 전통적이고 거시적인 사회학적 이론으로 전개시킬 수 있다(Peter Berger & Thomas Luckmann, 1967, 최재현(George Ritzer), 2000: 364). 다시 말해 개인

---

3) 특정규칙, 제도, 현상이 당연한 존재로 보는 것이 아니라 그것들을 파괴해 보는 것이다. 이를테면 엘리베이터에서 암묵적 규칙으로서 탑승 시 출입문을 바라봐야 한다는 것을 어기고 출입문 반대쪽을 바라보는 것은 그 규칙의 존재와 생성의도를 감지하게 한다.

들이 공유하고 있는 의미를 통해서 제도화된 행위의 양식으로 실체화되며 이와 같이 제도화된 유형들은 개인들 생활의 준거 틀인 정당성에 의해서 하나의 전체적인 의미로 통합된다는 것인데(석현호 외, 2004: 31), 이는 '세이타스(Goerge Psathas)'에 의하면 그 거시성이 비로소 명확해진다.4) 결국 이러한 현상분석의 거시적 규모 확장은 광고라고 하는 미시적이고, 도구적인 판매도구를 거시적 사회현상으로서 이해하기 위한 크나큰 여지를 제공하기도 하고 그렇기에 이미 광고란 한 인간의 단순한 실천 행위수준에서 사고하는 것이 아니라 사회적 행위라는 거시적 수준으로 끌어올려 사고해야 하는 것이다.

광고는 거대한 사회적 현상이다. 비록 그 제작 의도는 작은 규모로 시작되었지만 사회적인 그 수용은 그렇지 않다. 이에 대하여 애초의 '맑스(Marx)'는 '물신주의(fetishism)'라는 정치경제학적인 사회현상ㅡ자본주의 경제 윤활유ㅡ으로 광고를 지적하였다.5) 또한 '윌리엄스(Raymond Williams)'는 원시사회에서 있을 법한 주술적 신비체계가 과학기술의 시대인, 현대사회에도 거대한 '신비체계(magic system)'의 사회현상으로 존재한다고 하였는데(Raymond Williams, 1974, 강준만 외, 1997: 16), 이 역시 광고의 사회현상적 통합을 짐작하게 한다. 그러나 이러한 사회현상적 담론은 늘 개별적으로 제시되어 왔기 때문에 그 개별적 현상들 간의 관계를 입체적으로 조망하여 종합적으로 제시할 필요가 있다. 이에 대하여 '모스(Marcel Mauss)'는 그러한 개별적인 광고의 사회현상들을 법률적·경제적·종교적 게다가 미학적 형태까지 총체적 사회현상으로 인정하며(Gerald Lagnesu(김혜연 역),

---

4) 다시 말해 '현상학'이라는 이론이 조직, 문화, 사회 등과 같이 보다 큰 규모의 현상도 연구하게 될 것임을 확신하고 있다(Goerge Psathas, 1973a, 최재현(George Ritzer), 2000: 364).

5) 사실 '맑스'는 광고에 대하여 직접적으로 사회현상이라 지적한 적은 없다. 다만 그의 이론인, 맑스주의를 추종하는 후예들에 의해서 거대한 사회현상으로 간주된 것이다.

2000: 20)이를 복잡하게 분석하길 주장하였다.6)

　사실 대부분의 사람들이 광고에 대한 평가에서 그리 관대하지 않다. 이는 다시 말해 광고는 평소에 불필요한 정보이기에 외면해야 하는 존재로 이해할 뿐이지 자기주변과 복잡하게 얽혀있는 사회현상으로서 광범화시켜 인식하지 못한다는 것이다. 그럼에도 불구하고 사람들은 광고가 의도하는 지시를 무의식적으로 대부분 따르려 한다. 이는 압구정동을 찾는 젊은이들 사이에 각 개인마다 분명히 차이가 존재하지만 그 차이는 압구정동이라는 틀을 전제로 한 것에 지나지 않다는(강준만, 2002: 218) 예와 같이 광고에 대한 현대인 각자는 지극히 이성적·개성적이기에 광고라고 하는 거대한 사회현상－대중문화의 흐름－에 휩쓸려 외재하는 현실을 인정하지 않으며 또한 이를 인정하고 거부하는 사람은 아마 극소수에 불과하다. 결국 광고란 늘 현대인들에게 세속적인 상징으로서 저평가되긴 하지만 오히려 거부될 수 없는, 수용되고야 마는 위력적이고, 거대한 '사회현상'으로서 인정하지 않을 수 없는 것이다. 그럼에도 불구하고 대부분의 사람들이 광고를 이해하는 바는, 광고를 피할 수 있는 존재로서 자신과 동떨어진 도구적 본질로서 이해할 뿐 그 현상에 속해 있는 자신을 발견하지 못한다. 그래서 광고에 대한 현상학적 이해는 '광고와 나'가 아니라 '광고 속의 나'를 이해하는 것이다. 이것이 바로 현상학적 사고를 위하여 이미 '후설(Edmund Husserl)'가 경계한 '자연적 관점(natural point)'의 지양이기도 하다.

　결국 이와 같은 관점이라면 초반에 언급한 '맑스'나 '윌리엄스'의 주장은 비록 고전이지만 이미 광고를 사회현상으로 인정하여 간접적으로나마 제시했던 것이다. 그리고 이러한 사고를 모두 수용해온 광

---

6) 그런 필요성으로 광고연구에 대한 현상학적 접근은 현재 소비자행동 분야－광고경험에 대한 의미기반모델(Mick & Buhl, 1992), 일상의 주제(Csikszentmihalyi & Beattie, 1979), 라이프 프로젝트(Belk 1998, McCracken: 1987)－에 머물러 있거나 미시적이다.

고사회학은 그런 의미에서 광고를 어떤 속성의 사회현상으로 사회와 개인을 이끌고 있는지 그 속성을 파악하여 제시해야 한다. 그런 의미에서 광고사회학에서 광고는 도구적 본질이 아닌 사회현상으로 재개념화 되는 것이다.

2. 사회학적 상상력 발휘

광고사회학에서 인식하는 광고는 문명의 이기로서 그 도구적 본질이 아니라 그 이기의 전후관계를 설명해 주는 현상학적 사고가 우선이다. 그리고 그 사고는 크게 두 가지로 나뉜다. 우선 하나는 광고의 표현내용을 읽어 현대사회의 실태를 투영시키는 2차적 존재로 사고하는 것인데 이는 '광고비평'이라는 영역에서 주로 행해지고 있다. 또 다른 하나는 광고표현에 관여하지 않고 광고가 뿌려지고 이를 수용하는 그 상태를 사회시스템으로 종합적 사고하는 것이데 현재 광고사회학에서 요구하는 방향은 바로 후자에 가깝다.

광고를 사회현상으로 인식하는 종합적 사고발휘에는 일정한 상상력이 필요하다. 그 상상력은 '사회학적 상상력(Sociological Imagination)'이라 일컬어지는 사고방법인데 이는 '사회학(Sociology)'에서 어떤 '사회현상'에 대하여 원인 규명, 혹은 다양하고 중층적인 관계특성들을 조망키 위한 것으로 주제에 대한 초기적 연구사고다. 예를 들어 광고라는 특정한 '사회현상'에 대하여 '문제제기'가 감지되었다면 이에 대한 수많은 관련특성들을 다양하게 모색해 보는 학문적 상상력으로 보면 된다.

이러한 학문적 상상의 창의력을 처음 주장한 사람은 미국의 비판사회학자 '밀스(C. Wright Mills)'다. 이를테면 연구자가 자신의 친숙한 개인적인 상황을 벗어나 더 큰 문맥에서 사물을 바라보는 것으로서 일상생활의 타성으로부터 멀리 떨어져서 새롭게 바라보는 것을 요구해야 함을 의미하는데(김미숙 외(Anthony Giddens), 2003: 20), 바로 '외계인적 시각'7)으로 현대인의 사회현상을 바라보는 것이라 보면 그 이해가 더 쉽다.

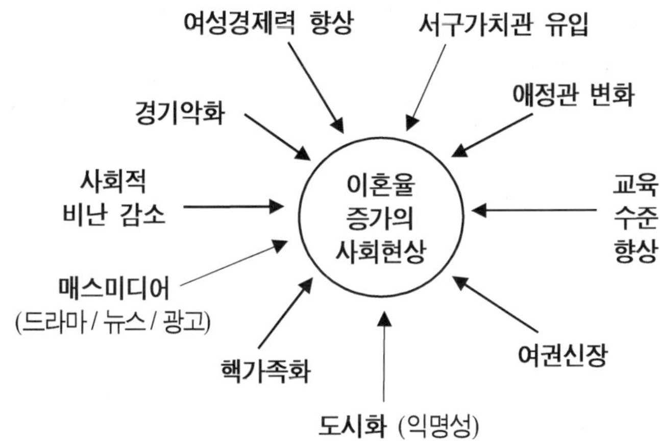

〈그림 1〉 사회학적 상상력이 활용된 사회현상의 한 사례

예를 들어 '커피'를 마시는 현대인의 현상을 생각해 보자. '사회학적 상상력'에서 커피는 단순히 음료를 마시는 행위가 아니라 우리의 일상에 '사회적 행위(social action)'의 한 부분으로 사회행위이다. 그래서 하루를 시작하는 '의례활동'으로 사교 혹은 대화를 나누는 것으로, 또한 오랜 격무와 밤잠을 안 자고 공부를 해야 하는 직장인·수험생들에게 필요한 '안정제'이기도 하다. 그리고 커피는 지구에서 가장 가난한 나라와 가장 부유한 나라의 사람들을 이어주는 상품이기

---

7) 외계인이 바라보는 지구인들의 당연한 일상은 분명 이상하고 기이하다. 그리고 그렇기에 그 일상에 대한 생성관계를 파악하기 위해 상상력이 발휘되는 것이다.

도 하다. 또한 커피라는 의례활동이 서구사회에서 고착화된 것은 과거 식민지배의 결과이기도 하고 거기에다 현대인들이 유독 '스타벅스'커피만을 찾는다는 관련특성까지 모색한다면 이를 정치화시켜 해석해 볼 수 있기도 한 것이다(김미숙 외(Anthony Giddens), 2003: 21~22). 결국 이와 같이 사회학적 상상력이란 한 가지 현상을 통해 풍성한 사회적 상호작용이 쏟아져 나오게 하는 유용한 사고체계라 보면 된다.

이에 대하여 그 범위를 확장하여 문제제기 관계과정까지 살피고자 한다면 더욱 복잡·다양해지는데 예를 들어 현재 우리 사회에서 가장 심각한 문제는 '가정의 붕괴'라는 사회현상이다. 이는 구체적으로 '이혼율의 증가'를 들 수 있는데, 그 관계의 요인들은 어떠한 것들이 있다고 보는가? '사회학적 상상력'을 발휘해 보면 그와 관계된 다양하고 중층적인 특성들이 다음과 같이 나열되며 결국에는 결코 광고와 무관하지 않게 됨을 알 수 있다.

우선 경기악화로 가장의 실직, 교육수준의 향상으로 여권신장, 애정에 대한 이데올로기 변화, 도시화의 익명성에 따른 주변 사람의 도덕적 비난 감소, 여성의 경제능력 증대, 사회적 가치관의 변화 등등으로 개인적인 성격이나 가치의 문제로서 심리학적 분석도 가능하겠지만 다양한 사회적 조건 및 상황의 변화나 의식구조 등의 종합적이고 총체적인 설명은 보다 거시적으로 특정 사회현상에 대한 종합성을 제공한다(한국산업사회학회, 2004: 14). 또한 그 특성들 간의 중층적인 관련성까지 살펴보게 되면 이혼율 증가를 둘러싼 입체적인 설명이 가능해지는 것이고 이를 담론화한다면 더욱 풍성해진다. 그리고 무엇보다도 빼놓을 수 없는 것은 광고의 역할인데 광고는 이러한 현상에 윤활제로 그 역할이 간과될 수 없는데 <그림 1>은 이를 설명하고 있다.

그런데 그 상상력 안에는 몇 가지 사고기준이 있는데 특정한 사회현상에서 비롯되는 특성들을 무작정 상상만 해나가는 것이 아니라 범주화된 사고 후 이들을 중층적으로 연결하는 것이다. 이에 대하여 '기든스(Anthony Giddens)'는 그 작동방식을 체계적으로 보여주기 위하여 세 가지로 구분하였다. 우선 그 첫 번째가 현재의 한 사회현상에 관계된 과거의 사회현상들이 어떠한 차이점이 있는지 다양하게 모색하고 상상하는 것으로 '역사적 상상력(historical imagination)'의 필요성을 주장하였다(한국산업사회학회, 2004: 18~19). 예를 들어 이혼율 증가와 관련된 여권신장은 과거의 특성과 비교하는 차원에서 모색된 것이고 사회적 비난 감소도 마찬가지다. 이는 한 사회현상을 중심으로 관계된 역사적 요인들의 변화과정으로 그 주변을 더욱 풍성하게 해준다.

두 번째 상상력은 '인류학적 상상력(anthropological imagination)'으로 한 현상을 중심으로 그 차이를 인정하고 역시 그 관련 변인의 유무들을 다양하게 모색해 보는 것이다(한국산업사회학회, 2004: 18~19). 이는 변인으로 구조화하기 위한 설정 이전에 다양하고 중층적인 단순 특성들을 나열하는 수준에서도 유용한데, 공간적으로 각 사회들의 사회현상마다 얼마나 다양한 차이를 보이는지 다양하게 그 관계요인을 알아내거나 그 이전에 중층적인 특성을 입체적으로 나열해 볼 수 있다는 데 그 이점이 있다. 예를 들어 이혼율 증가를 둘러싼 서구의 가치관 유입은 상이한 두 사회와의 비교시 모색된 특성의 나열이다.

마지막 상상력은 '비판적 상상력(critical imagination)'인데, 앞선 두 상상력을 근거로 현재의 사회현상이 결코 고정불변하거나 보편타당한 것이 아니라는 점을 인식하여 판단하는 것이다(한국산업사회학회, 2004: 18~19). 이는 다시 말해 사회현상을 중심으로 모색된 관계요인들, 혹은 중층적인 입체적 나열이 옳은 것인지 그른 것인지 판단해 그 현상을 가능케 한 사회적 통념을 점검하는 것이다. 결국 이러한 일련의 상상력에 기초하여 시·공간적으로 우리는 훨씬 열린 사고를 할 수 있는 것이고, 더 나아가 사회현상에 대하여 단순 본질로서 개념화하는 것이 아니라 그 현상을 둘러싼 보다 다양하고 중층적인 특성들을 입체적으로 조망하는 것이다. 그러나 여기서 명심해야 할 것은 세 가지 분류대로 상상을 상호 배타적으로 행하는 것은 곤란하다. 어차피 세 가지로 체계화된 방법론적 상상이기는 하나 모두는 서로 복합적이다. 따라서 모두 종합된 상상이 이루어져야 하며 그 상상을 담론화하여 기술하는 차원에서도 그러해야 하는 것이다.

사회학적 상상력의 활용으로 발견된 다양한 특성 모두는 역사적 상상력, 인류학적 상상력, 비판적 상상력이 내포되어 있으며, 그들 서로 간에 입체적으로 관계를 맺고 있다. 그리고 그 관계는 인과적 관계로도 확장된다. 즉 앞에서의 예를 관계적으로 설명한다면 도시화에 따른 익명성은 이혼을 하더라도 사회적 비난을 차단시켜 주었고, 핵가족 또한 도시화의 결과다. 그리고 그 핵가족화는 가족 간에 애정이 손상되어도 이를 더 이상 보완해 주지 못한다. 왜냐하면 과거와는 달리 시부모님이나 형제의 조언은 가치를 잃거나 너무나도 간접적이어서 더 이상 가족의 붕괴를 막지 못하기 때문이다. 약화된 가족의 애정관은 경기악화로 인해 가장이 실직을 하더라도 이를 지켜주지 못한다. 또한 교육수준이 높아진 여성들은 자신의 경제력 때문에라도 이혼을 망설이지 않으며, 이러한 사고가 선진문화의 가치관으로 사회전반에 정당화되는데 무엇보다도 그 정당화는 매스미디어 통해 강화 혹은 반영되어 그중 한 가지 실천방법인 "소비"로서 그 특성을 드러내야 한다는 광고와 무관하지 않다.8) 결국 그리고 나서 이 중층적 조망에 대하여 비판적 평가로써 '비판적 상상력'이 이루어지는 것이다. 물론 이러한 인과적 관계는 담론에 불과하며 구체

---

8) 광고는 서구적 가치관을 전달한다. 그중에서도 여성의 정체성에 대한 모델을 항상 제시한다. 그리고 이는 무의식적으로 이상적 가치관으로 각인된다.

적인 인과관계로 설정하여 본격적인 광고연구가 이루어진다면 보다
가공된 구조화 작업을 거쳐야 한다.

결국 사회현상에 대하여 이렇게 복잡 다양한 입체적 조망이라면 우리
가 감지하는 사회현상 모두는 너무나도 재미있는 특성들에 관계된 총체
적 모습이며 재미있는 발견이 되는 것이다. 그리고 무엇보다도 광고는
이 사회학적 상상력으로 활용되어져야 하는 흥미로운 대상이어서 그 다
양하고 중층적인 특성들이 무한하게 얽혀있음을 예상해야 할 것이다.

3. 사회학적 상상력으로 광고 상상하기

'사회학적 상상력'을 활용한 사회현상으로서 광고, 그리고 그 현상을
순기능 혹은 역기능으로 구체화시켜 본다면 '사회통제'9)라 볼 수 있으
며 그에 대한 조망은 앞선 '이혼율 증가'라는 사회현상보다도 더욱 복

---

9) '사회통제'란 지극히 중성적인 의미를 지닌다. 이는 다시 말해 '부정적'이거나
'긍정적'이거나 '기능적'이거나 '역기능적'이거나 하는 어느 한편에 편향되어 있
지 않다는 것인데, 이는 한 사회가 건전하게 존속키 위한 '집단시스템
(group-system)'으로서 사회성원들로 하여금 동일양식 혹은 동일문화에 참여시
키고 또는 '분유(分有)'케 하는 것(변시민, 1998: 80~81)이고 필요하지만 이
를 수용하는 개개인으로서는 거부할 수도 있는 것이다. 다시 말해 이는 일종
의 행동양식으로의 문화의 공통성과 사회의 집단적 통일성으로 서로 그 앞뒤
관계에 있다는 것이며, 그 관계적 두 특성을 확보하려는 입장이 바로 '사회통
제'행위가 되는 것이다(변시민, 1998: 80~81). 구체적으로 그 확보행위로는
교도소, 경찰서 등의 공식적인 유형메커니즘이 있는가 하면, 사상, 규범, 예절,
문화 등의 비공식적이고 무형의 '통제기구(control organization)'도 존재한다.
이에 대한 평가에서 '파슨즈(Parsons, Talcott)'는 사회체계가 균형을 유지하도
록 해주는 중요한 메커니즘(Parsons, 1951, George Ritzer(최재현 역), 2000:
146)이라 하여 구조주의적 입장을 밝혔다. 그러나 사실상 그 두 가지 차원의
통제기구가 언제나 건전한 사회로 존속케만 하는 것은 아니다. 오히려 그 존
속에는 문제점이 잠재된 채로 불평등한 관계가 지속되거나, 구성원들 간에 그
불합리한 관계를 망각케 하는 수단일 수도 있는 것이다. 결국 개개인들에게
거부하고 싶은 행위로 작용될 수 있다는 '맑스'의 비판적 평가도 있다.

잡 다양한 중층적 상상이 가능하다고 본다. 그러나 현상으로서 구체화
시킨 광고가 또 다르게 모색될 수 있다는 이견도 있다. 그런 의미에서
'사회통제'란 그 이견10)까지도 포함하는 광범위하고 중립적인 개념이
기도 하며 그래야만 사회학적 상상력을 발휘하여 '사회적 행위(social
action)'를 파악할 수 있다 본다. 다음에 제시되는 <그림 2>는 광고를
중심으로 관련된 각 사회적 영역에서의 '사회적 행위' 통제들이다.

　사회학적 상상력으로 발견된 이 광고라는 '사회통제'행위 모두는
역사적 상상력, 인류학적 상상력으로 복잡하게 풀어 낼 수 있으며
그들 서로는 일정한 입체관계를 맺고 있다. 그러나 그 관계는 명확
한 인과관계라기보다 광고로 집중된 각 행위들 간의 순차적 확장관
계로 보는 것이 더 알맞다.

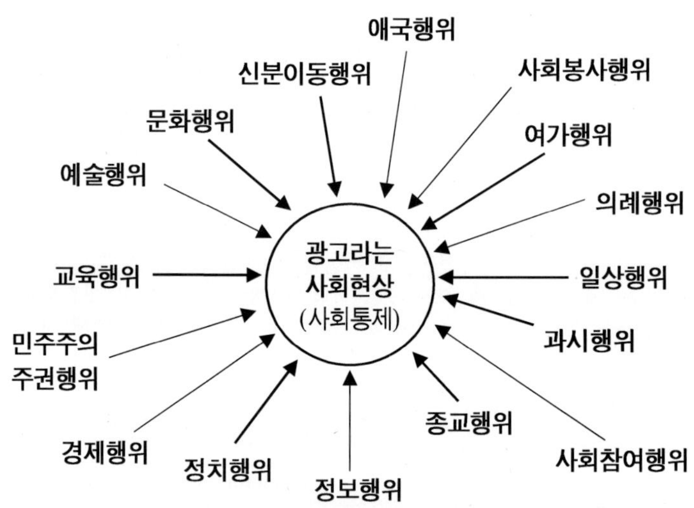

〈그림 2〉 사회학적 상상력이 활용된 사회통제로서 광고

10) 아무도 이를 감지하지 못하고 문제를 제기하지 않는다. 또한 그 통제 자체를
　　즐기기도 하지만 거시적인 차원에서 보면 전체주의적이다. 따라서 무형이지
　　만 유형의 통제기구와 다를 바 없는 광고의 통제적 위력을 실감하는 것이다.

우선 그러한 구조설정은 '정보행위'에서부터 볼 수 있다. 이미 온라인·오프라인 매체에서 통제가 이루어지며 이 매체 내 정보통제는 바로 광고가 주범이다. 그러나 이는 문화로 가공된 상태이기에 통제로 여겨지지 않고 재미있는 문화체험으로 여겨지는데 그 대표적인 사례가 바로 '여가행위'다. 결국 사람들이 개념화하는 여가란 과거 우리가 경험했던 여가형태와 전혀 다른 표준화된 소비경제의 여가로 바뀌게 되고 특히 미국사회에서 이는 가장 두드러지게 나타난다. 그러나 이 인식은 비단 미국에만 존재하는 것이 아니다. 이미 초국가적으로 개발된 정보경로엔 세련된 미국문화체험. 즉 소비가 광고로 가공되어 각 사회마다 수출되고 그렇게 형성된 각 사회마다의 여가란 미국적 소비를 닮아있다.[11]

또한 광고가 통제하는 그 행위대로 수용함은 신분을 상승시키는 것으로 의식되기까지 하는데, 이는 아예 어린 시절부터 사회화된다. 그리고 이러한 교육은 정규교육보다 우세한 교육방식으로 수용자 혹은 대중들이 자발적으로 수용해 나가기도 하여 때론 소비자문제를 발생시키기도 한다. 결국 이러한 대중의 모든 '사회적 행위'는 일상이 되고, 그 일상 전체는 광고에 의해 통제된 '사회현상'으로·간주될 수 있는 것이다. 그렇다고 해서 이러한 광고의 사회통제를 마냥 당연한 현상이니 자본주의 사회에 어쩔 수 없는 결과라고 결론 내린다는 것은 비판적 상상력에 입각하여 다소 불편하다. 그래서 광고를 통한 이러한 현상은 분명 문제가 제기되어야 하고 아울러 이를 수정하려는 실천적 노력이 수반되어야 하는 것이다.

---

11) 지금 막 자본주의를 채택한 중국은 유독 서구지향적(미국적) 여가를 지향하거나 집착한다. 그리고 이러한 현상은 서구적 이미지가 충만한 광고로 이들에게 다가간다. 결국 서구지향적 여가를 즐기려면 소비를 해야 한다.

4. 사회학적 상상력이 발휘된 광고의 중층적 입체조망

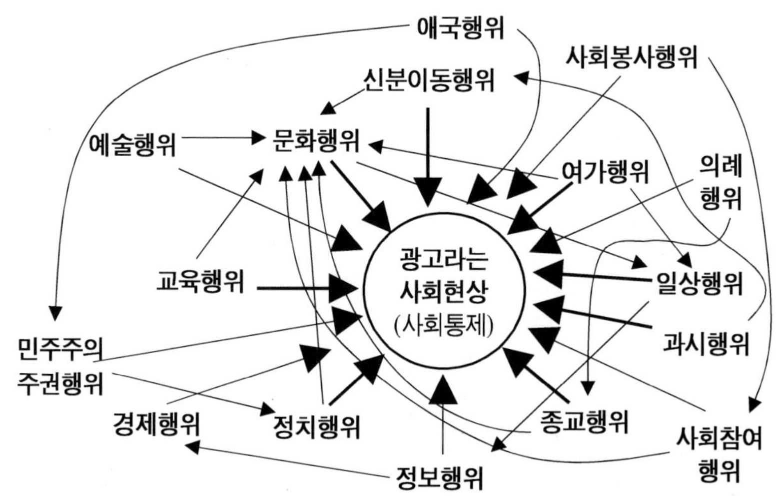

※ 작은 화살촉은 행위들 간의 관계를 연결한 것이고, 큰 화살촉은 사회학적 상상력으로 광고를 중심으로 하는 다양한 사회통제들과의 관계 모습이다. 그러나 화살표의 방향은 인과관계가 아니며, 단순히 광고라는 사회통제의 현상으로 집중시키는 순차적 과정의 조망일 뿐이다.

〈그림 3〉 사회학적 상상력이 활용된 광고의 사회통제행위 간의
중층적인 입체적 조망

'사회학적 상상력'대로 풀어낸 광고라는 '사회통제'는 인간의 '사회적 행위'의 다양한 측면에서 발견되며, 그 측면들은 중층적으로 입체화됨을 알 수가 있다. 왜냐하면 앞선 '역사적 상상력'과 '인류학적 상상력'을 발휘해 인식된 광고는 사람들의 '사회적 행위(social action)'에 대한 통제이고 이것이 '비판적 상상력'을 거치면 그중 한 가지 '사회적 행위'의 통제로 통합 혹은 귀착됨을 비판 혹은 지적할 수 있기 때문이다. 그 통합·귀착의 통제적 과정을 〈그림 3〉과 같이

입체화하였다. 그에 대한 해석은 다음과 같다.

우선 <그림 3>에서와 같이 대중의 사회적 행위 간의 통제적 관계를 설정할 수 있으며, 광고라는 사회통제의 현상과 가장 직접적으로 관계를 맺는 것은 앞선 '비판적 상상력'으로서 지적한 '소비'라는 '경제행위'다. 이는 소비라는 경제행위가 가장 마지막 통제인 것이라 할 수 있는데 그런 이유로 '경제행위'는 광고라는 사회통제행위와 가장 직접적 관계를 맺는다. 그러나 그 관계는 가장 나중에 광고의 지시 혹은 통제에 따른 실천이기에 광고와 직접 접촉이라기보다 광고라는 사회통제의 가장 최종적 결과라고 보는 것이 적당하다.

그 다음은 그 '소비'라는 '경제행위'와 관계를 맺는 또 다른 통제행위인데, 이는 바로 '정보행위'의 통제로 연결된다. 사실 앞선 '경제행위'의 통제는 '소비'를 결정하는 대중의, 소비자의 주변환경이 과거와 다르게 광고자에 의해 가공되고, 전략화됨을 지적하였다. 이는 다시 말해 광고를 통하여 소비자의 '비합리적 경제행위'인 '제한된 합리성'이 의도적으로 이용되기에 '소비'로써 모든 것을 실천하려는 것이라 할 수 있다. 결국 모든 것을 '소비'라는 '경제행위'로 집중시키기 위하여 대중의 '정보행위' 경로가 의도적으로 가공 또는 조작을 겪게 되는 것이다.

또한 그렇게 광고자에 의해 의도적으로 조성된 상황에서 사람들의 정보(탐색)행위는 특별하거나 가치 있는 정보행위가 아니라 일상생활 어디에서도 접할 수 있는 일상정보로서 소비자 주변 어디에나 자리 잡게 된다. 이는 다시 말해 광고에 노출된 상황은 너무나도 일상적인 행위로 대중들은 이를 감지하지 못한다는 의미다. 예를 들어 길거리의 이벤트나, 시연회, 경품행사, 또는 전자매체 내의 광고, 할인정보, 유명브랜드 스타일, 협찬받은 앵커맨의 세련된 넥타이, 뉴스기사 내의 의사사건(pseudo-event), 세련된 개성의 상품, 드라마 속의 간접광고 등등은 지극히 일상적인 환경이 되어가지만 모두 소비행위로 집중되어 있다. 그래서 늘 사람들은 소비정보에 관심을 갖게 통합되고 반면에 소비와 무관한 관심은 의도적으로 차단되는 것이다.

소비로서 개념화된 '일상행위'는 때론 문화체험의 특별한 정보로서 둔갑해 문화결정체임을 혹은 여가행위의 정보로서 특별화된다. 그리고 그 특별한 체험인, '문화행위'는 구체적으로 하위 통제행위들과 관계를 맺는다. 이를테면 '예술행위' '사회참여행위' '종교행위' '정치행위' '교육행위' '신분이동행위' 등 모두 '문화행위'로서 광고의 통제를 받는다. 그중 신분이동행위는 신분의 이동을 과시하기 위한 과시행위의 결과이기도 하다. 결국 이 모두는 상호 간에 통제적 관계를 긴밀하게 맺고 있는데, 예를 들어 '예술행위'의 의미는 사실 창작과 그 창작물을 감상하는데 있다. 그러나 우리는 복합쇼핑몰에서 최신 영화를 관람하거나 감각적이라 일컬어지는 심미(審美)적 제품, 혹은 세련된 '명품'을 구매하는 그 자체에 대하여 안목 있는 '예술행위'라 착각한다. 결국 과거에는 꿈도 꾸지 못했던 예술과의 관계가 소비와 만나 일상행위로 받아들여져 만끽되는 것이다.

'사회참여행위'에서도 소비로 긴밀하게 연결될 수 있는데 무직의 여성이 대낮 백화점에 등장하는 것은 여성 스스로가 사회와 만나는 사회참여로 보기도 한다. 다시 말해 백화점에 출입하거나, 그 백화점에 진열된 명품에 관심을 갖거나, 집 안 꾸미기를 위함은 도심백화점 출입의 크나큰 명분을 제공한다는 것이다. 그런데 이 행위는 그에 그치지 않고 '사회봉사행위'로 더 구체화되는데 도심에서 자연보호에 앞장서는 기업의 캠페인참여, 소년소녀가장을 돕는 도심기업행사참여, 장학금을 기증하는 도심 백화점 축하행사 관람 등은 무직여성들에게 또다른 도심출입의 명분을 제공하기도 한다. 그러나 이는 시민의 역할이 소비목적으로 대체되는 것으로 '시민성(civility)'의 영역인, '제3섹터'-정부(청지권력)와 기업(자본논리)후견이 차단된 시민영역-가 도용되는 것이다. 그러나 참여자들은 이를 새로운 사회참여로 인식하여 긍정화 하고 주저 없이 호응하거나 그 이벤트 추진기업의 제품을 믿을 만하게 구입하게 되는데 그 착각은 여기에 머무르지 않고 지역사회문제에 참여하고 있다는 봉사행위로 인식외어 참여자들 모두에게 뿌듯함을 안겨주는 것이다. 결국 광고를 통하여 형성된 긍정적 이미지의 기업제품의 구매는 지역을 걱정하는 시민들의 '사회참여행위'이며 더 나아가 봉사행위다. 그러나 이는 광고의 통제 혹은 통합에 놓여있는 상태다.[12]

'애국행위'의 경우, 많은 광고에서 '애국심소구'라 하는 애국적 표현은 그 행위의 통제를 읽을 수 있다. 이는 대중의 애국심을 소비라는 '경제행위'로서 실천할 수 있음을 보여주고 있으며 '민주주의 주권행위'와 관련이 깊지만 이 또한 통제로 연결된다. 결국 소비로서 정치행위를 실천하는 그 자체는 자연스럽게 '문화행위'로 간주되어 용이하게 '일상행위'로 여겨지게 된다. 이를테면 사람들의 무의식에 미국제품보다, 일본제품보다 국산품을 애용해야 하는 강박적 사고, 즉 '애국심'이 국산품에 코팅되어 사람들에게 뿌려지며 그로인한 애국행위는 특정국산품애용으로 귀결되는 것이다.[13]

'교육행위'의 경우는 '사회적 행위' 자체가 어린 시절부터 마치 공교육의 학습과정처럼 조성됨을 의미한다. 이를테면 미국의 경우, 공교육기관에 교구에 대한 지원으로 유명음료기업의 로고를 학교라는 공간 어디에서나 볼 수 있게 하거나. 음료회사의 T셔츠를 입고 등교하는 날, 음료회사가 주최하는 교내예술발표회, 자습실에 자판기 설치 등 자연스럽게 광고통제를 받는 것이고, 교육컨텐츠까지도 기업이 관여하게 되는데 놀랍게도 일부에서는 이를 즐거운 문화교육으로 여기기도 한다. 결국 이는 광고의 소비교육이 첨단전자매체를 통하

---

12) 예를 들어 "우리강산 푸르게 푸르게"라는 광고문안을 사용하는 우리나라 펄프회사가 여기에 해당하는데 이 회사는 펄프 생산지인, 동남아의 자연을 훼손하면서 국내구매자에게는 자연보호에 앞장서는 시민성을 보여주고 있다.

13) 예를 들어 "우리나라 대표브랜드"라는 광고문안을 사용하는 우리나라 모 그룹이 여기에 해당한다.

는 것 외에 우리가 간과해버린 고전적 방법에 더욱 활발하게 확장되어 있음을 보여주고 있다.

'의례행위' 통제는 '종교행위' 통제의 구체적 형태다. 그리고 그 '종교행위'는 정보행위를 통해 이루어지고, 소비라는 경제행위로 실천되는 것이다. 이를테면 사람들이 '특정브랜드'에 관심을 갖거나 '사회적 관계'에 대한 불안감을 브랜드 취득으로 해소하는 차원에서 이해할 수 있는데 이는 마치 종교에서 특정한 무언가-유일신-에 '의례활동'을 하는 것처럼 타사의 제품을 배척하거나, 상업적 기념일-밸런타인데이, 성탄절, 등-을 소비행위로서 기리는 것을 보면 알수가 있다. 결국 종교에서 말하는 의례적 활동과 동일하다 보면 된다.

물론 광고라는 사회통제에 대한 지금까지의 입체적 조망은 '설득커뮤니케이션'과 같은 미시적 학문에서 더욱 세밀하게 인과적 구조로 설정하고, 이를 객관적인 계량방법으로 파악해 내곤 한다. 그러나 사회학적 조망은 '사회학적 상상력'을 활용해 성립된 중층적이고 입체적인 통제를 이해하려는 것이기에 그것이 철저한 인과적 구조로서 관계를 파악하려는 것과는 거리가 있다. 결국 '광고사회학'은 현상을 가공하기 위한 전략적 차원이 아니라 그 전략으로 발생하는 사회현상을 지적하려는 것으로 기업이 광고를 뿌려낸다면 그 뿌려진 환경에 놓인 수용자 입장을 점검하려는 것이다.

④ 리바이스 옥외광고

미국 남동부 사막 한 복판에 있는
도시, 라스베가스(Las Vegas)
는 도박의 도시다. 그런데 그 도박에
무한히 성행되는 만큼 사람들에게 도박 유인
의 주술적 무언가도 꾸며놔야 하는데 바로 옥외광고물
이다. 그 도시의 옥외광고는 거의 종교적 환상에 가깝다. 특
히 야간에 볼 수 있는 화려한 네온사인들의 규모는 유럽 거대 성당 장식
규모를 초월한다. 한 도시의 경제지표가 이 옥외광고의 현란함이라 하는 사람들도 있는데
그렇다면 라스베가스는 세계 최고의 경제도시며 그 두 번째가 '바티칸' 이 아닌가 한다.

보행자의 눈길을 끌기에 충분한 본 리바이스 옥외광고는 사람들에게는 거의 주술적 존재로
그 영험함이 대단하다. 그래서 리바이스의 비합리적 가격에 어느 누구도 의문을 제기하지
않는다고 한다. 옥외에 광고 등장은 바로 기도를 드리는 암자나 교회십자가처럼 구매자(추
종자, 신봉자)들에게 평안함을 자아내는데 그 이유는 상상도 할 수 없을 정도의 많은 양의
안심메시지가 소통되고 때문이다. 이를 가리켜 광고가 보유한 종교적 소통능력이라 한다.

본 광고에선 단순히 '리바이스를 입고 있는 여성' 메시지로 끝나는 것이 아니라 수많은
구매안심메시지가 소통되고 있다. 우선 사진이 아닌 그림이기에 극도의 고급 '예술성' 이
소통되며, 앞에서 언급한 최첨단의 옥외광고판이 아니라는 고전적 형태의 벽화이기에 그
'전통적 신화성' 은 말한것도 없이 소통되고야 만다. 여성모델은 '서구적 매력' 을 소유한
혹은 혼혈인이다. 그럼더라도 결코 극동아시아인(한국인, 중국인, 일본인)과 무관하지 않
다. 오히려 우리에게 친근감이 가는데 그 단서는 검은 직모에서 느낄 수가 있다. 얼굴표정
은 너무나도 당당하며 절대 자기주장을 굽히지 않을 듯싶다. 그러나 결코 미녀는 아니다.
그럼에도 불구하고 그녀가 당당하게 버티고 있는 힘은 외모에 전혀 위축되지 않는 사고방식
에서다. 또한 계층 면에서는 경제적으로 부족하지 않는 지성인, 여대생이다. 그러나 무엇
보다도 결정적인 메시지는 이 모두를 얘기해 주는 빨간 리바이스 라벨이 가히 대단하지 않
을 수 없는 것이다.

사실 이에 매력 있어 하는 사람들은 위의 내용 외에 더 많은 광고지침을 소통하고 있지
만 이를 절대 입 밖에 내지 않는다. 왜냐하면 이러한 영향으로 현재 리바이스를 입거나
구매한다는 것은 그리 합리적이지 못한 자로 인식되며 차라리 이를 리바이스의 풀리지 않는

신화적 매력으로 남겨 두거나 리바이스 추종자들과 암묵적 합의한 주술로 놔두는 것이 더 평안하기 때문이다. 결국 리바이스를 입는다는 것은 모두 비합리적 종교행위다. 그러나 그럼에도 불구하고 그 비합리적 행위에 의문을 제기하지 않는 이유는 그 광고 자체가 종교지침서인, '경전'과 다름없기 때문이다. 다시 말해 종교인들은 절대 자신들 종교지침에 의문을 제기하지 않는다. 아니 제기하지 말해야 한다. 의문제기는 신앙심이 부족한 탓이기에 죄악이며 리바이스도 마찬가지다. 결국 사람들은 리바이스를 비롯해 수많은 광고를 통해 봉건시대에 '신관', 원시시대의 '토테미즘'이 지배하는 시대에 살고 있는 것이다.

(사진출처: 네이버 2007년 4월 22일 "리바이스" 이미지검색)

⑤ 맥도날드 왕국

패스트푸드의 상징인, 맥도날드는 현재 북한을 제외한 전 세계에 그 지점망을 확보하고 있다. 빠르게, 간편하게, 맛있게 식사할 수 있다는 점에서 그 승승장구가 당연하지만 무엇보다 큰 장점은 식당서비스를 고객에게 전가시켜 음식주문과 뒤처리를 군말 없이 하게 하는 대가, 즉 비용절감이라는 이유이고 그래서 저렴하게 식사할 수 있다는 점이다. 그러나 그도 이젠 옛말이다. 현재 패스트푸드는 그 장점들보다 광고사회학에 커다란 문젯거리로 등장했는데 우선 패스트푸드의 최대장점인, 가격은 시중음식가격을 훨씬 웃돌고 있으며 높은 가격만큼 음식의 질이 좋게 평가받지 못해 '쓰레기음식(junk food)'이라는 불명예를 안고 있다. 또한 대량육류공급을 위한 가축에 과도한 항생제투여, 일회용용기 사용은 녹지파괴, 어린이 성인병 유발, 특정국가로 자본집중 등 수많은 문제를 내포하고 있다.

그러나 더 큰 문제는 그럼에도 불구하고 패스트푸드가 이에 불감한 어린이에게 광고를 통해 즐거운 세련된 식문화로 과도하게 학습된다는 것이다. 어린이 놀이터 제공, 월트디즈니 만화주인공 장난감 연계, 생일파티장소 제공 등으로 그들의 일상을 패스트푸드로 개념화되는 것이다. 결국 이렇게 성장한 아이들은 전통식문화보다는 표준화된 패스트푸드 식문화에 익숙해져 어린 시절부터 '맥도날드 왕국'에 걸맞은 무조건적 소비충성, 맥도날드에 대한 경례가 이루어지는 것이다.

(사진출처: McDonald' nation, Chris Woos(Canada), 1997
/ 애드버스터즈, 길예경 외 역(Kalle Lasn), 2004: 211)

⑥ 여행가기 제일 싫은 도시

외국도시를 여행하다 보면 부러운 것이 선조들이 물려준 문화유산을 고스란히 보존해 왔다는 것이다. 특히 유럽도시의 옛 건축물은 이름 있는 가문에 큰 유산을 물려받은 장자가 이를 잘 보존해 온 것처럼 기특하며 그 정신이 부럽기까지 하다. 이는 달리 해석하자면 그 도시민들의 인식이 그 도시의 특색을 보존하는 데 집중되어 있기에 그렇다 본다. 요즘 우리나라는 건설회사마다 자신들의 아파트를 뽐내는 광고가 한창이다. 이제 우리나라는 집을 대량생산하여 구매하는 시대가 되었고 그 쾌적함 또한 최고다. 그러나 우리나라 어딜 가 봐도 그 쾌적한 아파트들은 도시특색을 살려 내지 못하고 있다. 더욱이 서울을 비롯한 국내 5대 도시 모두는 어김없이 기업에 의해 양산된 집, 아파트화가 되어 가고 있다는 점에서 우리나라, 우리도시의 오래된 역사성을 의심하게 된다.

우리의 고유도시성을 가려내는 또 하나 요인은 바로 '광고간판'인데 그 광고간판이 상점을 알리는 특성을 넘어서 도시건축물의 마감재로 쓰이고 있다는 것이 더 큰 문제다. 이는 다름 아닌 세련되지도 못한 광고간판이 건축물 전체를 휘감고 있기에 그렇다는 것이다. 사실 도시의 가시적 특성은 바로 건축물의 형태에서 찾을 수 있다. 그래서 건축형태, 즉 건축물의 색상이 어떤지, 창문은 어떤 모양인지, 어떤 미술적 소재로 마감을 했는지 등 건축물을 통해 그 도시의 특성이 둘러보는 일은 재미있기만 한 일이다. 그런데 우리 도시는 그 특성을 알 수가 없다. 혹시 광고간판의 도배가 우리 도시의 특성이라고 해야 한다면 너무나도 지루하고 재미없으며 심하게는 유럽 도시와 비교해 그 질이 낮아 보인다.

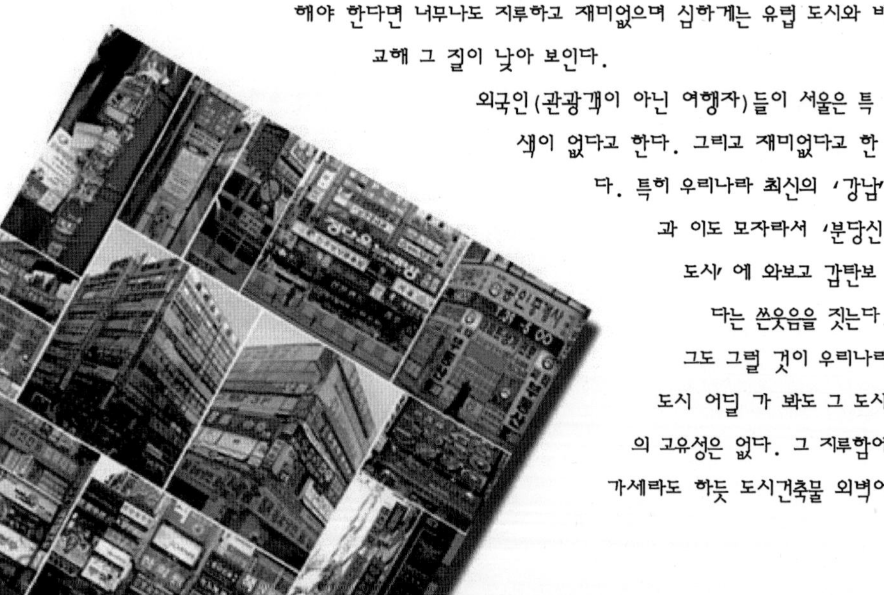

외국인(관광객이 아닌 여행자)들이 서울은 특색이 없다고 한다. 그리고 재미없다고 한다. 특히 우리나라 최신의 '강남'과 이도 모자라서 '분당신도시'에 와보고 감탄보다는 쓴웃음을 짓는다. 그도 그럴 것이 우리나라 도시 어딜 가 봐도 그 도시의 고유성은 없다. 그 지루함에 가세라도 하듯 도시건축물 외벽에

온통 도배된 광고간판은 이들에게 재미없으니 어서가라 떠미는 꼴이다. 외국인들을 우리의 고층 메이커 아파트를 보러 온 것이 아니라 우리의 문화를 보려 왔다. 그럼에도 불구하고 우리는 그 문화를 광고간판으로 가려버렸다. 사실 필자가 생각해도 기업이 양산하는 우리의 메이커 아파트문화와 간판도배는 아름답지도, 재미있지도, 독특하지도 않다. 그런데 우리 도시도 유럽 못지않은 역사를 갖고 있고 그래서 이렇게 지루하지 않을 꺼리가 얼마든지 많다. 결국 이는 '광고사회학'적 문젯거리가 아닐 수 없다.

(사진출처: 정보의 정글(권영길 교수의 공공디자인 산책),
중앙일보, 2007년 1월 20일(토) 9면)

제**3**부

광고사회학이론

1. 맑스주의(Marxism) 비판이론

생산과 욕구의 확대는 비인간적이고 저열하며, 부자연스러운 가상의 욕망에 절묘하고 늘 타산적인 공헌을 한다. ……기업가는 자기 이웃의 가장 저열한 환상들에 부응하고 그와 그의 욕구 사이에서 뚜쟁이 노릇을 하며, 그의 내부에 있는 불건전한 욕망을 일깨우며, 뒤에 이 사랑의 수고에 대한 보수를 요구하기 위해 약점을 주시한다(Marx Karl, 1974, John de Graaf, David Wann & Thomas Nayl(박웅희 역), 2002: 225).

광고에 대한 첫 번째 이론은 '맑스주의' 비판이론이다. 여기서 광고에 대한 비판적 견해의 핵심은 바로 자본주의체제에 있으며, 자본주의는 왜 광고를 '이데올로기(ideology)'로서 늘 생성시키는가 하는 것인데, 바로 그 이유는 자본주의에서 오는 불평등한 계급관계의 정당화이고 이를 영속화시키는 데 있다.

사실 맑스는 자본주의에 대하여 '과잉과 무절제'가 경제의 '진정한 표준'이 되었다고 했다. 그래서 인간세계의 가치 저하는 사물세계의 가치증대에 정비례해서 심화한다고 하였다(Marx Karl, 1974,

John de Graaf, David Wann & Thomas Nayl(박웅희 역), 2002: 221). 이는 160년 전에 쓰인 문장으로 현대사회광고를 직접적으로 지칭하는 것은 아니지만 그 중요한 특징을 정확히 '묘파(描破)'하고 있다. 당시 '맑스'가 바라본 자본주의의 불평등한 사회적 메커니즘영속화는 광고행위라는 일련의 실천들로 가능한 것이고 그것은 경제적 토대-하부구조-의 일부이기도 하며, 동시에 문화 이데올로기적 '상부구조'의 일부이기도 하다(신태섭, 1999: 74). 예를 들어 실제로 광고는 '가상의 욕망'을 자극하고 상품을 팔기 위해 끊임없이 '섹스'를 이용하며, 비디오게임의 판촉과 같이 가장 저열한 환상들에 부응하는 대상으로 이해되는데(위의 글, 2002: 226) 여기에서 '섹스'와 '비디오 게임'은 문화이데올로기이며 그 이데올로기 목적은 바로 이윤창출의 경제적 토대가 되는 것이다.

광고를 상·하부구조 모두를 관장하는 대상으로 추정할 수도 있지만 정통 '맑스주의(Marxism)'에서 광고의 목적인 '소비'는 사실'생산'에 종속적인 성격을 가졌었다(Mayer, 1984, 손장권 외, 1996: 62). 이는 다시 말해 광고는 생산에 종속된 존재이고 소비에 관련된 '권력화'는 부각되지도 못할 아주 미미한 존재였다는 것이다. 그러나 현대광고는 소비가 그 상·하부구조를 관장하게 할 뿐만 아니라 이를 소비로서 권력화하는 거대한 존재로 여겨지게 하였는데 항상 경기침체의 내성을 지닌 자본주의 사회는 소비조절이 기업 간 경쟁에 필연적 산물로 취급되어 시장통제는 생산이 아니라 소비가 대신하는 것이고 광고는 그 전환을 돕게 되었다(Williams, 1980, 손장권 외, 1996: 63). 결국 광고는 생산의 통제가 아닌 소비의 대량통제의 중요한 사안으로 떠오르며 상품과 서비스를 대량판촉하기 위해 질적, 양적으로 대단히 중요한 역할을 담당하는 이른바 '독점자본주의'의 산물로서 비판된다(강준만 외, 1994: 223). 이에 대하여 '맑스'의 직접주장을 빌리자면 '자본주의(capitalism)'와 '임노동(wage-labor)'시스템 아래 노동자들의 신분변화를 설명하면서 그 의도적 변화과정에서 광고의 대량소비통제 권력화를 미미하게 추정할 수 있다. 그리고 오늘날의 그 미미한 추정의 존재는 크나큰 권력의 존재로 비판되는 것인데 그에 대한 구체적 비판은 다음과 같다.

우선 '맑스주의'적 해석으로 광고는 인간에게 '존재론적(ontological)'인 중요성을 강조하였고 이에 대한 광고의 궁극적 목적, '소비(consumption)'란 조직적 인간사회에서 역동적 관계에 공헌한다고 했다. 그리고 그 관계란 본질적 인간 종(種)이 깨닫거나, 충족되기 위한 생산적 관점에서 기인하는 것이라 하였다(Martyn J. Lee, 2000: 3). 이는 다시 말해 그러한 역동성을 지속적으로 유지하기 위해서 자본가의 수중에서의 인간은 노동에서 괴리되어야 하는 것인데, 그 괴리는 이른바 '이간질된 혹은 분리된 노동(estranged labour)'이라 불리는 것으로 인간 자기 자신으로부터, 활동기능으로부터, 인간의 살아 있는 행위로부터 괴리되고, 인간으로부터 본질을 분리시켜(위의 글, 2000: 8), 정신과 육체적 행위인, 노동이 분리된 이른바 '인간소외(alienation)'를 경험하게 하는 것이다. 그리고나서 그 소외의 공허감에 '소비'라는 것이 얽히게 하는 것이다. 결국 그 매개를 가능하게 하는 것이 다름 아닌 광고를 지칭하는 것이다.

19세기 자본주의 출현은 대량생산의 필요성을 대두시켰고 산업자본가들은 이를 위해서 노동자에게 '산업역군'으로 복무할 것을 통제·강요하였다. 반면 오늘날의 자본가들은 그 산업역군인, '노동자'를 '소비자'로 변환시키는 방법을 모색하게 되는데 그 이치(Scott, 1917: 26)만 봐도 그 통제를 감지할 수 있다. 사실 오늘날의 노동자들이 그 모색된 방법에 자발적으로 참여하는 이유는 이미 현대 노동자는 노동자가 아니라 영원한 소비자로 변모했기 때문이다. 결국 그 과정에서 노동자는 '인간소외'를 만회할 뿐만 아니라 노동계급의 '프롤레타리아(proletariat)'화라는 '계급의식(階級意識)'까지 잊게 되는데 이

시점부터 자본주의는 가본가들의 계략으로 얼룩진 역사-인간소외, 환경파괴, 빈곤 등-를 잠재우게 되는 것이다(E. P. Thompson, 1964, Stuart Ewen, 1976, 최현철 역, 1998: 16).

 '맑스'의 저서(*A Contribution to Critique of Political Economy*)에 대한 '구트만(Hebert G. Gutman)'과 '톰슨(E. P. Thompson)' 해석에서 자본주의는 특정사회구성과 그 구성을 위한 생산관계유지를 주장하였는데 그 유지의 방책이란 노동력을 제공하는 사람의 충성심을 유지시키고, 교육시키는 '사회화(socialization)' 과정을 수반해야 하는 것인데(위의 글, 1998: 16). 우선 '톰슨'은 시간에 대한 연구(*Time, Work-Discipline, and Industrial Capitalism*)에서 '시간기록장치'와 그에 따르는 시간관념주입이 자연스럽게 이루어져야 함을 주장하였다(E. P. Thompson, 1967, Stuart Ewen, 1976, 최현철, 1998: 17). 그리고 이는 바로 효율성 문제 때문에 '생산현장통제(field control)'의 시작을 알리는 것이기도 했다. 또한 '구트만'은 이를 더욱 확대하여 그 통제의 현장은 기분좋은 문화조성으로 행함이 훨씬 효율적이라 역설하였다 (위의 글, 1998: 18). 결국 이 통제아이디어들은 독점자본가들의 생산현장이 아니라 사회라는 거대영역으로 확대되어 '사회통제(social control)'로 연결되는데 그간 노동자의 오랜 불만(계급의식)은 광고환경으로 조성되는 이 즐거운 소비문화의 대두로 불식되는 것이고 이를 문제 삼아야 하는 노동자의 민주적 사고, 비판의식의 태동은 생산현장의 통제가 사회통제로 확대되는 바람에 자연스럽게 저지되는 것이다.

 두 번째, 광고에 대한 맑스주의적 비판은 바로 '물신주의(Fetishism)'에 대한 비판인데 맑스 고전에선 시종일관 '물신주의'를 경계해야 함을 강조한다. 이는 '초월적 인간(super human)'과 환상적 속성을 취하는 '상품(commodity)'의 기이한 동일시를 설명하는 것으로 자본주의 사회에서 생산과 소비 사이에 필연적으로 발생하는 급진적인 '불화

(rupture)'를 상품이라는 진실하지 않은 '지위(status)'가 진실한 지위처럼 소비자에게 안겨주는 것이다. 이는 다시 말해 생산자는 철저하게 상품으로 탄생한 사회적 관계를 은폐시켜 사람들에게 자극하여 이를 취득케 하고 그 취득이야말로 사람들 자기 주변의 불만을 해결시켜 준다는 믿음이다(Martyn J. Lee, 2000: 10).

그러나 문제는 그렇게 권장되는 과정에서 물건에 대한 가장 기본적인 가치인 '효용가치(use-value)'는 사라지고 '심미적 가치(sensuous-ness-value)'를 능가하는 수준 낮은 '교환가치(exchange-value)'가 생성되는데(Peter Corrigan, 1997, 이성용 외, 2002: 65). 이는 자본주의에서의 상품 읽기에 문제가 되는 것이고 광고는 그러한 문제의 원천이기에 비판되는 것이다. 그러나 오히려 대중은 그로 인해 원시적인 혹은 중세적인 가치관인, 환상을 상실−정신 병리적 혼란−하는 것으로부터 자신의 합리성이 보호된다고 믿는데(Peter Corrigan, 1997, 이성용 외, 2002: 81) 사실 이는 결코 합리적이지 않으며 원시적이고 중세적인 '신관(神觀)'이 '물신관(物神觀)'으로 대체되어 여전히 비과학주의 인간사고가 팽배해짐을 의미한다.

결국 광고가 그 '물신주의'의 장본인으로서 주목받게 되는데, 그 시작은 20세기 중반 광고에 대한 현대적 비판이론에서부터 시작된다(신태섭, 1999: 71). 광고는 상품에 내재해 있는 생산과정에 관한 정보를 은폐시켜 사물의 외양과 실제의미 사이에 차이가 존재함에도 불구하고 오로지 그 상품에 외재한 사회적 관계만 잘 반영하는 것이다(Karl Marx, 1976, Sut Jhally, 1987, 윤선희, 1996, 53). 그래서 광고에 동조하여 매혹된다는 것은 물건 자체의 취득욕구에서가 아니라 이미 광고로 투입된 사회적 '권력(authority)'을 취득하고자 함이다. 예를 들어 화폐의 경우, 어떤 내적 가치가 있다고 모두 인정하면서도 단지 상징에 불과한 것임을 깨닫지 못한다는 것인데, 이는 화폐를 물신화한 결과이며, 이러한 사고의 확산은 인간사이의 사회적 관계 모두가 사물들 간의 환상적 형태관계로 상정되기 때문이다(Karl Marx, 1976, Sut Jhally, 1987, 윤선희, 1996, 57). 그리고 그런 이유로 화폐는 쇠조각, 종이조각으로 별 가치가 없는 존재로 취급된다. 그러나 그 환상이 그럼에도 불구하고 권력을 지님은 사회적으로 합의된 관계가치가 너무나도 거대하기 때문이며 광고는 그 관계에 또다른 방식으로 끊임없이 개입하여 재미있고 더 다양한 환상화를 이룩하는 것이다.

광고의 세 번째 '맑스주의'적 비판은 바로 '맑스'의 자본주의 비판이론을 갱신하려던 '베버(Max Weber)'의 '관료제이론(bureaucracy)'에서의 '몰인격' 특성과 '뒤르케임(Emile Durkheim)'의 '사회분업론(Division of Labor in Society)'에 입각한 '테일러(Frederick Taylor)'의 '과학적 관리론(scientific management school)'이다. 이 두 이론은 이른바 '배비지의 원리(Babbage's principle)'라 하는 분업진화를 도왔는데 이는 바로 작업장에서의 노동통제에 탁월하게 작용하기도 한다. 그러나 문제는 그 통제로 생산성증대로 그치는 것이 아니라 도덕성이 결여된 '몰인격의 사회관리'로 비판대상이 된다. 또한 현사회적인 틀에서 구체화해 본다면 과거 인기리에 진행되었던 '포드주의(Fordism)', 더 나아가 '맥드날드화(McDonaldization)', '코카콜라화(Cocacolarrization)', '디즈니화(Desnification)'도 비판의 구체적 사례가 된다. 이는 현재에도 지속적으로 확장되어 한 특정한 국가의 소비주의가 전세계적 관리시스템으로 작용되는데 이른바 '미국화(Americanization)'라 부르기도 한다. 그리고 무엇보다 이 미국화에는 광고역할이 대단한데 광고가 전달하는 미국화란[1] 소비로, 더 나아가 문화로 전 세계적 식민지화를 이룩하는 셈이다(Peter Taylor, 1999:

---

1) 현재 미국이 확보한 국제적 미디어에서 공식적, 비공식적 광고환경, 오래전부터 할리우드영화로 뿌려지는 미국적 소비, 패전국들의 지원에 대한 미국적 소비문화 유포, 미국으로 이주한 자들의 본국으로의 편지나 방문경험에서 미국적 소비 찬양, 미국회사의 마케팅 생산, 찬양 등에서다.

110, 112~113, 123). 결국 이는 작업장에서 노동자의 정신과 노동이라는 노동과정을 몰인격적으로 분해하는 것과 마찬가지로 세계적 소비자에게 동일하게 적용되는 것이다. 그래서 실로 자연스럽고 거대한 전 세계적 '화합'이 아닐 수 없으며 비로소 세계인들은 '선진일체감'으로 하나 되는 미국적 소비자가 될 수 있는 것이다.

위에서 제시한 세 가지 지적의 통합이라 할 수 있는 자본주의의 모순, '인간소외(alienation)'이자 '몰인격성'문제는 광고를 수용하는 구매 자체가 해결하는 것으로 간주된다.[2] 그러나 이를 감지하고 문제 삼는 사람들은 없다. 왜냐하면 그 허구적 대체물이 더 이상 물리적 대체물이 아니라 의식적 대체물인, 문화로 변신했기 때문이고 그 타성에 젖은 사람들은 그 상태만으로도 너무나도 만족하기 때문인데 이러한 현상이 영속적으로 가능한 것도 어찌 보면 광고가 자본주의 모순, 인간소외 해결을 대체하는 의사해결책으로 존재하기 때문이다. 그러나 근본적으로는 전혀 해결된 바 없다고 보는 것이 옳다. 결국 날로 확장되어 가는 광고환경은 사람들로 하여금 광고를 즐거운 문화체험으로 여겨지게 하지만 오히려 자신들이 처한 계급적 모순을 잠시 잊게 하는 임시방편에 불과한 것이고, 그 임시방편이 너무나도 지속적이어서 물리적·의식적으로 전면화 됨은 그 계급의식 자체를 말살하려는 것이기도 하다.

---

2) 사실 애초에 자본주의는 상품노동력의 형태를 필요로 했고, 소비문화는 그 필요에 의해 인간의 고유성(인격성)상실이 수반되는 허구적인 대체물, 상품을 고안해 낸 것이다(김숙경(Don Slater), 2000: 185).

2. 문화사회학이론(The Sociology of Culture)

광고는 단순히 상품을 널리 알리기 위해 만들어지는 최소한의 상품정보에 불과하다. 그러나 사람들이 광고를 문화 혹은 대중문화, 더 나아가 대중예술로도 취급하는 이유는 생산자가 그 고지형 정보에 문화를 듬뿍 담아 널리 알리기 때문이라 보면 된다. 이는 다시 말해 문화를 재개념화해서 사람들에게 상품구매의 욕구가 아닌 문화체험의 욕구로 전환시켜 광고하기 때문인데 결국 '문화사회학'이라는 영역에서 광고는 경제순환을 알리는 마케터의 상품정보 도구로만 보이는 것이 아니라 재미있는 문화체험으로 인식되는 것이다. 그러나 기존의 순수문화와 다른 이유는 특정한 목적, 즉 '상업성(商業性)'을 위해 의도적으로 가공되는 표준화된 문화이기에 그 수준을 높다 할 수는 없다(강준만, 1993: 170). 물론 자본주의 사회에서 그 상업성은 매우 중요하여 최대 덕목으로 여겨지지만 자본주의인들 조차도 그 상업성을 환영하지 않으며 그래야 옳다고 보는 모순된 인식이 일반적이다.

그러나 광고자가 그 상업성에 그럴듯한 문화를 완벽하게 입혀 제시하면 자본주의인들도 이를 기꺼이 수용한다. 다시 말해 광고를 통해 메시지를 담고 있는 물품들에서 그 물품의 사용가치 이상의 가치와 연관시키는 대중문화를 안착시킨다면 기꺼이 수용한다는 것인데 사실 현대인들은 물품 그 자체보다 물품의 의미를 구매, 즉 광고를 구매하는 것이다. 이를 가리켜 '래먼스(Learmans Rudi)'는 '상품의 문화화'라 했는데(Rudi Learmans, 1993, Peter Corrigan, 1997, 이성용 외, 2002: 103), 이는 특정의 물품만 의미로서 문화와 결합되는 것이 아니라 모든 문화는 물품과 결합되고야 만다는 것이고 그래야 그 체험이 가능하다는 자본주의의 원리이기도 하다. 결국 자본주의 내의 모든 문화는 광고가 채워나가는 것이 되었으며 우리 시대의 '문화혁명의 원동력'으로서 광고를 사회 전반에 미치는 그 영향력이 무한한 것이다(강준만, 1993: 175).

광고는 생산, 분배, 소비활동 등 각 행위주체들의 경제적 실천들을 한데 엮어 순환케 하는 일종의 경제제도이다. 그래서 사실 딱딱하고 재미없는 존재로 볼 수 있다. 그렇지만 그런 이유로 한 사회가 안고 있는 사회적 강박, 스테레오타입, 집단적 무의식 등의 제도에 무언가 소프트 한 것이 중첩을 시도 하는 것인데 이를 가리켜 '문화결정체'라 칭하기도 한다(마정미 외, 2004: 148). 더욱이 그런 혼합이라면 자본주의사회의 '문화연구(culture studies)'는 광고연구라 해도 과언이 아닐 것이다. 이를테면 일상에서의 대중문화를 포함한 다양한 종류의 문화가 만들어지고, 재현되는 의미들을 해독하고 분석하는 작업대상은 바로 광고이며 그 광고 속에서 각양의 대상과 '사회적 권력(social power)' 간의 관계를 분석하는 것(Morley & Chen, 1996, 강내희, 2003, 김영찬, 2004: 57)이 바로 문화연구가 되는 것이다. 결국 문화사회학적 관점에서 광고는 문화가 되는 것이고 자본주의 사회에서 문화를 즐기려면 소비해야 하는 것이다. 그에 대한 구체적 이론은 다음과 같다.

우선 **첫 번째** 문화사회학적 광고이론은 광고 그 자체가 문화의 범주에 속하느냐 하는 것인데, 광고의 문화적 속성을 처음 승인한 학자는 바로 '셔드슨(Michael Schudson)'이다. 그는 처음으로 광고를 문화적 관점으로 다루었는데, 사람들은 상품을 통해 고도 광고를 통해, 물질적인 욕망을 충족할 뿐만 아니라 지적인 영역도 구축한다 하였다. 그래서 상품은 문화를 구성하는 요소이며 상품 이름 자체를 공유하는 것만 봐도 문화의 중요한 일부분이라 할 수 있는 것이다. 결국 '셔드슨'의 이러한 추론은 광고가 상품에 문화를 입히기 위해 개입한 결과이며 그래서 광고는 그 시대를 상징하는 '공유문화(common culture)'로 취급 될 수 있는 것이다. (Schudson, 1984: 160, 210). 그러나 그가 규정한 그 '공유문화' 안에는 사실 '권력'이란 내포되지 않는다. 그는 단순히 시대문화가 광고라는 매개를 통해 공유될 뿐, 그 이상도 이하도 아니라는 것이다. 그러나 근본적으로 광고란 자본주의의 모순을 더욱 견고히 하는 이른바 '문화산업기제'여서(김영찬, 2004: 70) 그 활용은 권력을 태생적으로 내포시키게 하는데 또 그래야 그 교활한 상업성을 가려낼 수 있기도 하기 때문이다. 이를테면 아이가 산타클로스를 믿는 것처럼 광고를 믿는다는 것이고, 그것이 내면화된 어린애 같은 상황이 사람들에게 똑같이 벌어지는 것이고 그리하여 반사조절의 논리가 아닌 오히려 비반사조절의 철저한 논리, 즉 믿음과 퇴행의 논리에 따르게 되는 것이다(Jean Baudrillard(배영달 역), 1998, 107). 결국 광고환경을 통하여 늘 소비로서 경험되는 문화는 성찰이 없는 하향 평준화된 문화공감을 공유하는 것으로서 결코 수준 높은 기성성(旣成性)을 보여주지 못하여 오히려 유치한 오락욕구만 더해 가는 것인데 이를 가리켜 이른바 '소아병주의(paedocracy)'라 칭하기도 한다(John Hartley, 1989, 강준만, 2002: 169).

소아병주의와 연관하여 광고에 매료된 퇴행문화는 현재 직접적 소비경험과 관계가 없다 하더라도 광고환경이라는 것으로 다시 태어나 무의식적인 퇴행을 유도하기도 하는데 TV의 내용을 분석해 보면 그 주장이 타당하다. 즉, TV라는 매체가 유치해지는 것은 그야말로 맹목적인 '청춘예찬(filiarchy)'에 빠져 있는 '광고환경' 때문으로 광고주는 소비설득의 용이한 대상으로 성숙된 경제관을 갖고 있는 기성세대는 매력없어 하고 '낭만주의(Romanticism)', '인본주의(Humanism)'를 늘 지향하는 청춘(중고생, 청소년, 대학생 등)을 선호하는 것이다. 또한 그 청춘을 지향하는 사고는 보편적 가치로 설정되어 성인들에게 시대에 뒤떨어지고 있다는 불안감을 무의식적으로 주입시켜 청춘예찬이 충만한 상품을 그들에게 끊임없이 암시시키는 것이다. 일면에서는 이에 대하여 사회적으로 공유해야 할 표준적 문화의 개념화가 젊은

이들의 유치(幼稚)함으로 청춘이라는 후광을 얻어 미화된다는 '문화편식'조장을 지적하기도 한다(강준만, 2002: 171, 172). 그래서 광고의 위와 같은 세대편식은 광고가 어린이들조차 쉽게 접근-쉽게 이해시키는-할 수 있다는 점에서도 이해될 만하며 그야말로 특별한 '문화적 힘(cultural power)'이 아닐 수 없다(신태섭, 1999: 73). 그리고 그 힘은 이제 광고의 의무가 되어 버려서 이제는 상품에 가공된 문화를 입혀 사람들에게 전달하는 것이 광고의 정의가 되어버렸다(Grant McCracken, 1987: 122). 결국 광고가 제시하는 문화체험은 허구적인 만족을 제공할 수 있는 능력의 과시로서(Don Slater(김숙경 역), 2000: 186) 현대인들은 그 과시를 통해 불만스러운 자신의 문화생활을 해결하는 것이다. 그러나 그 해결은 허구적인 만족으로써 철저하게 계산된 '마케팅과학'의 승리인 것이다.

그런 의미에서 두 번째 문화사회학적 해석에서 광고의 문화구축의 행위는 소비문화적 맥락에서다(위의 글, 1987: 122). 이는 문화경험 자체가 소비와 무관할 수 있지만 광고가 매개된다면 소비만으로 한정된다. '유엔(Stuart Ewen)'에 따르면 광고는 영화, 책, 텔레비전 토론 프로, 호텔 로비에 있는 시설물, 그리고 사람들이 생활하는 데 필요한 평범한 주장이나 기준들을 설정하는 기타의 다른 문화적 요소들처럼 '문화적 수단(강준만 외 편역, 1994: 218)이고 그 수단의 궁극적 목적은 소비를 위한 변장이라 비판하였다. 결국 소비재와 문화적으로 구성된 세계의 표현을 특정한 광고의 틀 속에서 결합시킴으로써 '의미이전(意味移轉)'의 잠재적인 방법으로 탁월하게 작용하는 것이며(GrantMcCracken, 1988, 이상율 역, 1996: 174). 이를 따르는 대중은 자기가 문화적으로 구성된 세계에 존재한다고 믿어 의심치 않는다는 것이다. 그러나 그 존재감은 소비재에 귀속된다(위의 글, 1996: 175). 결국 현대사회의 문화적 경험은 소비로밖에 이루어질 수 없는 것이며 이를 가능하게 하는 것이 바로 광고환경이다.

세 번째 문화사회학적 해석에서 광고는 '사회지배의 권력(authority or hegemony)'으로 변모하게 된다는 것인데, 그 권력 형태는 다섯 가지 유형으로 나타난다. 그러나 대중은 이를 결코 권력으로 생각지 않으며 문화로서 이해하려 한다. 이는 다시 말해 그 권력을 이용하여 자신을 '구별짓기(distinction)'한다는 것인데 우선 그 첫째 권력은 '유행체계'로서의 권력이다. '유행체계'는 대중들로 하여금 다른 관심을 가로막는 권력을 행사하는데 이를테면 의복이나 가재도구의 새로운 '스타일(style)'을 취하여, 그것들을 기존의 문화범주 및 문화원리와 관련시키는데(위의 글, 1996: 179). 그래서 상당히 자연스러운 흐름으로 여겨진다. 그러나 이는 대량소비를 위한 기업가, 자본가 권력흐름이 내포된 강박이어서 그러한 스타일의 사회를 '백만장자의 환상', '민주주의'의 미성숙한 사회라 비판하기도 한다(위의 글, 1997: 24). 왜냐하면 이는 가시적으로 문화가 스타일이라는 유행체계로 지속적으로 진보하는 것처럼 보이지만 그 안에서 대중의 실천은 모두 표준화에 해당하며 그 표준이 반복적으로 갱신될 뿐이다. 결국 사람들이 세계 속에서 자신의 불안전한 지위-부실한 근대성-를 강화시키기 위한 장치로 유행을 구비하기 시작하지만 이것이야말로 근대적인 진화-정치참여의 진화는 점차 제거됨- 의미는 없다(위의 글, 1997: 48).

둘째 권력은 그 유행체계의 개인적 차원에서 통일성을 취하게 강요하는 권력인데 이를 가리켜 '디드로(didrot effect)효과'라 칭하기도 한다. 프랑스의 계몽주의 철학자 '드니 디드로(Denis Diderot)'의 이름이 붙여진 이 권력수단은 '토탈패션'의 강박적 강요를 잘 설명해 준다(Grant McCracken, 1988, 이상율 1996: 251). 이를테면 늘 세련된 문화체험을 위하여 얼마 전 구매했던 신제품 셔츠와 스타일을 같이하는 신제품 바지를 구매해야 하는 강박에 사로잡혀 있거나 그 구매가 있고나면 가방, 신발 등이 연이어서 통일된 그 패션으로 교체를 기다리고 있는 것을 말한다. 결국 구매는 이종 제품 간이라도 스타일을 같이 하는 토탈패션 권력에 휘말리는 것이다.

> 친구로부터 실내복이 도착하였다. 새로운 소유품에 기뻐서 디드로는 그의 낡았지만 편안했던 자신의 옛 실내복을 버리고 새것을 입게 된다. 이것이 복잡하며, 결국에는 고민케 하는 과정으로 제일보(第一步)였다. 실내복이 도착한 지 한두 주(週) 후 디드로는 책상이 표준에 맞지 않는다고 생각하기 시작하였으며 결국 그것을 바꾸었다. 그러나 서재 벽에 걸린 태피스트리(tapestry)−색색의 실로 수놓은 벽걸이−가 조금 초라한 것처럼 보였기 때문에, 새것을 찾지 않으면 안 되었다. 점차적으로 의자, 판화, 책선반(bookshelf), 시계를 포함한 서재 전체가 불충분하다고 판단되어 대체되었다(위의 글, 1996: 252).

셋째의 권력은 소비자의 일대일 상대적 문화자극보다는 사람들 속에 편입시키고자 하는 자극이다. 이는 앞선 유행체계와 유사하지만 다수의 선택에 따른다는 것에서 '대세'라 할 수 있으며 피할 수 없기에 권력이다. 주위 사람들과 같은 방식으로 입고 구입하고 소비하는 현상으로서 '벤드웨곤 효과(bandwagon effect)'라 칭하는데 그 표준에 속해야만 심리적 안정을 얻는다는 이론이다. 또한 이는 각 세대마다, 혹은 각 문화영역마다 다시 세분화되고 구분될 수 있는 다양한 '소비자족(tribalism)'들을 형성하는데, 사실 모두 획일화된 문화이며(김영찬, 2004: 81) 몰개성을 오히려 즐기는 비민주적 나약함 자극에 불과하다. 결국 대중은 늘 표준을 갈구하는 동기부여의 현상이지만 군중심리에 둔감하거나 섬세한 부분 중 하나이다(H. Leibenstein, 1950, Varda Langholz Laymore(이수범 역), 1999: 191).

> 광고의 소통(communication)적 기원은 마을에 서커스 공연을 알리는 북치는 차 행렬에서다. 이 행렬은 길 다란 무리가 형성되며 그

선두엔 어김없이 북치는 '벤드웨곤'이 있다. 결국 그 마차는 사람들을 무리 지워주는 역할을 하는데 그 발원지는 북치는 선두이며 현대소비에서 광고는 그 역할을 담당하고 있다.

넷째의 권력은 오히려 유행체계와 멀어질 것을 강요하는 권력이다. 이른바 '스놉효과(snob effect)'라 일컬어지는데 다른 사람이 체험하는 문화를 이제는 아예 거부하는 것이다. 다시 말해 많은 사람이 공유하고 있다는 이유 때문에 구매가 감소하는 경향인데 이를테면, 사람들이 개성적으로 타인과 달라지고 싶은 욕망, 자신의 '흔한 대중'으로부터 구별하고 싶은 욕망자극으로(위의 글, 1999: 191) 광고환경을 통해 유통되는 이른바 '여피족(yuppie)', '보보스족(bobos)', '웰빙족(well being)', 'X세대(x-generation)' 등의 '벤드웨곤'탑승 자체를 거부하거나 '대중(mass)'적인 혼함에 등을 돌리는 '귀족주의 현상'을 말한다. 그래서 일종의 계급을 대체하려는 광고의 '세대조작'에서 해방되려는 것이기도 하다(강준만, 1994: 219). 그러나 이도 결국 시간이 지나면 '벤드웨곤'을 형성하며, 그 형성 기운이 감지되면 즉시 해체되거나 또 다른 해방구를 찾게 되는 것이다. 결국 광고의 생애주기라 여기면 그 이해가 쉽다.

다섯째이자 마지막의 권력은 경제학자 '베블런(Thorstein Veblen)'의 이름을 그대로 딴 '베블런효과(Veblen effect)'다. 이는 인간행위에 대한 행위이론인 '합리적 선택이론(rational-choice-theory)'에 배치되는 것으로 과시하기 위한 문화행위를 말한다. 이른바 '과시적 소비(demonstrative consume)'라 하여 자랑거리의 소비현상-더 나아가 '과시적 여가(demonstrative leisure)'로 전이된다.-을 말하는데 어느 소비재가 고가이기 때문에 수요가 증가하는 경우라 할 수 있다(위의 글, 1999: 191). 결국 가격에 의한 문화행위 실천을 설명하는 것이고, 광고는 자연스러운 시대에 자신의 부와 더 나아가 명예를 드러내는 고가의 '유행(trend)'으로 가공되어 자리 잡게 되는 것이다. 이를테면 '수전노(守錢奴)'가 돈은 많을지언정 부(富)를 밖으로 드러내는 데 실패했다 하여 가난뱅이와 다를 바 없다 평한다. 왜냐하면 수전노는 그의 부에 걸맞게 그는 과시적 소비와 과시적 여가를 해내지 못했기에 사회적 명예를 얻는 것도 실패했기 때문이다. 결국 그는 검소하지만 신분이 낮은 인물로 취급되는 것이다(Peter Corrigan, 1997, 이성용 외, 2002: 39).

다시 광고에 대한 문화사회학적 해석의 네 번째는 바로 '문화가치'다. 광고환경을 매개하여 소비로 유도되는 문화는 그 가치가 급하강한다. 이는 이미 '이미지(image)'로 설명되는 광고의 '내파(implosion)'[3]를 통해 그 가치하락이 입증되었는데 그렇더라도 기호, 즉 이미지상품의 소비가 생활양식으로 자리 잡게 되어(신승익, 1993, 손장권 외, 1996: 64) 간단한 이미지만으로도 대단한 문화권력을 행사하게 되는 것이다. 결국 앞선 다섯 가지 문화권력화 전략이 간단한 기호가공, 즉 광고로도 가능한 것이다. 그래서 문화는 표층단계에서만 사회적 평가와 소비행동을 매개하는 광고로서 껍데기만으로 가공되는 '이미지 문화'[4]로 변모되는 것이고(문윤수, 2001: 79), 그렇게 가공된 문화는 본질적 가치가 불필요하여 이른바 '기호가치(sign-value)'[5]라 찬양

---

3) 본질적으로 상이한 것 동등하지 않은 것이 돌발적으로 동일한 평면 안으로 함몰하는 경우를 가리킨다(강준만, 2002: 203). 광고로 제시되는 모든 문화의 이미지는 본질에서 발현되거나 재현된 것이 아니라 이미지가 본질을 결정하는 것이다. 다시 말해 본질을 왜곡하거나 잊게 하는 것으로서 본질이라는 내용이 파괴된 껍데기의 문화를 의미한다.

4) 맑스는 물건의 내용으로서 '사용가치' 노동의 양에 의한 시장에서의 형성된 '교환가치'를 설명하였다. 그리고 사용가치란 교환가치(화폐 등의 상징)와의 관계에 의해 결정된다.

5) 독일의 철학자 하우크(Wolfgang Haug)는 이러한 상황은 '상품미학(Warenaesthetik)'이라 하여 상품이 무엇보다도 자체 '사용가치'를 실현시키기 위해 교환이 되어야 하는 간단한 논리에다 더 많은 이윤창출을 위해서 그 가치는 변형되어야 할 필요성이 있다 하였다. 즉 미학을 적극적으로 차용하여 그 외형을 부풀리

되기도 한다. 그러나 본질을 은폐(隱蔽)라는 문제점을 낳거나 현대에 이르러 그 은폐는 '왜곡(歪曲)'으로 소비자문제로 비화되기도 한다. 이에 대하여 '보드리야르(Jean Baudrillard)'는 모든 소비가 상징적 기호(symbolic sign)소비라 주장하였다. 그래서 소비란 구매자 자신이 구매한 물건을 타인에게 내보임으로써 자신의 '정체성'을 창조하고 유지하려는 얄팍한 이미지취득에 불과한 것이다. 그러나 사회적 분위기는 이를 적극 수용하는 추세여서(R. Bocock, 1992: 153) 그 적극성은 광고를 통해 물신주의와 신비화 양상으로 더욱 강화된다(손장권, 1996: 65). 결국 문화환경은 질이 낮지만 광고권력으로(강준만 외, 1994: 240) 원래의 질 좋은 문화환경을 서서히 식민(植民)화하는 것인데(김영찬, 2004: 74), 이는 다른 말로 소비적 '신민(臣民)화'의 '정치경제학'을 이루는 것이라 비판된다.

다섯 번째 문화사회학적 광고평가는 광고가 조성하는 환경이 늘 '현대성(Modernity)'이 충만한 것으로 그럴듯하게 묘사된다는 것이다. 이는 더 나아가 그 현대성의 경험은 구매만으로 가능하다는 것인데 사실 광고로 조성되는 현대성은 앞선 문화사회학적 광고평가 모두를 이끈다 해도 과언이 아니다. 일찍이 '테일러(Taylor)'는 현대성은 두 가지 양상으로 존재한다 하였는데 하나는 지식인의 고도 현대성이고 다른 하나는 '일상적 현대성(ordinary modernity)'이다(Taylor 1996, 2000, 안정옥, 2002: 37). 그 중에서 광고환경은 일상적 현대성에 깊이 관여[6)]

는 것인데(마정미(김영찬 편저), 2004: 152). 이 또한 단순히 상품에 투과된 문화적 변화의 일부지만 '정치경제학'의 내포다.

6) 17세기 네덜란드 상인가족은 '상인의 합리성'을 특징으로 가족 지향적이고 안락하게 꾸며진 최초의 현대적 가정이었다. 19세기는 영국 부르주아 중간계급 가족은 부르주아 노동윤리에 따른 '검소한 라이프스타일'을 특징으로 하는 빅토리아 가정으로 대표되었다. 20세기 미국가족은 소비주의에 의해 정당화되는 '소비안락 집중의 교외가정'을 이상화했다(안정옥, 2002: 38). 다시 말해 소비를 유도하기 위한 메시지─아주 오래전에는 광고라는 개념화가 되어 있지 않았다 하더라도 소비유도의 현대성은 언제나 존재했다─인 일상적 현

하는데 일상에서의 문화체험을 소비로써 기꺼이 가능하게 한다는 것이다. 결국 광고환경을 통한 20세기의 현대성이란 '소비적 현대성'으로 미국에서 소비로 매개된 문화형태를 보면 알 수 있다(위의 글, 2002: 38). 예를 들어 시간-공간-장소의 복합적 관계 속에 '반숙련노동자'는 평소 일상생활에서 접근할 수 없는 시·공간적 소비체험에 노출되는데 이는 바로 안락함이 집중된 장소로서 쇼핑몰, 쇼핑몰에 둘러싸인 교외주택의 발달, 그리고 그 발달 속에 자리 잡은 노동자의 체험 가능성까지를 의미하는 것인데(위의 글, 2002: 39) 광고는 이러한 물리적 환경까지도 관여하여 매개하게 된다. 그리고 현재 21세기에는 그 매개를 넘어서 주도자로서 역할이 보편타당화 된다.

문화사회학적 관점의 마지막 광고평가는 바로 '포스트모던(post-modern)'의 소비문화를 역설하는 '페터스톤(M. Featherston)'의 견해다. 그는 포스트모던 소비문화의 등장으로 문화생활과 구조뿐만이 아니라 사회적 상호작용성격까지도 크게 변화된다고 주장하였는데 이는 현대도시의 소비문화의 모습, 즉 광고환경으로서 백화점, 쇼핑센터, 테마파크, 거대 할인점, 프랜차이즈 매장 등에 미화된 상품들의 범람은 더 이상 개개인의 확립된 주체를 유지할 수 없게 만들어 탈중심화된 주체의 환영적 인식만을 가능하게 하고 점점 시민통제의 영역을 넓혀 일상적 삶의 세세한 부분까지 관리하고자 하는 현대사회의 권력망7)이라 볼 수 있다 하였다(김태명, 1995: 22). 그러나 그보다 더 큰 문제는 그 지배상태가 아니라 그 지배에 저항하지 못하거나 아예 저항이 어려워진다는 것인데 현재 광고의 가장 유용한 소재거리인 '포스트모던'에 버금가는, 혹은 광고가 문화를 주도하는 현

대성은 어느 시대이든 이른바 지배적 현대성(prime modernity) 문화로 그럴듯하게 포장되어 대중들에게 다가갔던 것이다.

7) 페터스톤은 오히려 초기 자본주의의 위계구조를 무너트리는 것으로써 계급격차를 좁혀 가는 경향을 찬양하였다.

상을 저항할 만한 문화사조가 등장한다 하더라도 광고는 이를 차용하여 광고아이디어로 사용하고야 만다. 그래서 그러한 환경에 늘 노출되어 있는 시민은 시민 스스로가 주도하는 문화개념화란 있을 수 없으며 그렇기에 더욱이 저항의 사고는 기이하게 여겨지는 것이다. 따라서 문화사회학적 관점에서 광고평가개념들, '광고의 문화인정', '소비로서 문화개념화' '문화권력들(유행체계, 디드로효과, 스놉효과, 밴드웨곤효과, 베블런효과)', '문화가치', '현대성'을 비판할 만한 포스트모던의 탈구조적 사조라 하더라도 이는 광고라는 메시지에 기괴한 표현으로 차용될 뿐 과도한 광고환경에 저항하거나 성찰하는 의식에 도움이 되지 못한다. 오히려 기괴한 광고메시지에 동조하고 그 기괴한 이미지가 충만한 광고상품의 구매로 연결될 뿐이다. 결국 이 모든 것이 소비로써 모든 것을 개념화하려는 자본주의의 미덕 혹은 타성이라고 할 수 있는 것이다.

지금까지 광고환경의 문화사회학적 해석은 자본주의 사회에서 인간이 소유하고 있는 재화에 의미를 부여하여 이를 구체적 현실로 제시하는 권력규칙을 읽어내는 것이었다. 그리고 더 나아가 그 규칙이 광고임을 밝히는 것인데 그래서 자본주의 사회의 광고환경이란 전 영역에 소비가 문화로서 잘 가공되는 과정인 것이다(손장권, 1996: 65). 결국 광고는 단지 시장촉진도구로 문화를 차용하지만 사람들은 그 차용된 권력에 휘말려 이를 문화체험으로 인식하는 것이다. 그리고 그러한 현상에 대한 문제점은 소비자의 표출된 욕망 또는 소비자의 주체적인 욕구에 반응하는 시장의 문제가 아니라 오히려 제조업자─광고업자─들이 의도적으로 대중행위를 구체화하려는 문화체험 자극에 있다(Peter Corrigan, 1997, 이성용 외, 2002: 35). 그러나 때론 그에 대한 반론으로 대중이 그러한 광고환경에 동화, 혹은 동조할 만큼 어리석지 않다고 보는 경향도 있다. 그러나 그것도 자신할 만한 반론이 되지 못한다. 왜냐하면 이렇듯 문화로 가공된 광고에 포획되는 것은 메시지에 속아서가 아니라 무의식적으로 그 문화에 끌려가기 때문이다(마정미(김영찬 편), 2004: 166).

3. 경제사회학이론(The Sociology of Economics)

현대자본주의는 기술축적과 혁신의 결과로 생산력이 증대됨에 따라 한정되어 있는 시장을 확장시키고 새로운 수요를 끊임없이 창출해야 한다는 강박에 사로잡혀 있다(손장권 외, 1996: 63). 그래서 과거와 같이 상품의 판매는 사용(효용)가치에 의해서가 아니라 새로운 가치들로까지 그 수요창출 아이디어를 짜내기 위해 고심하는데 (Ewen, 1976, 손장권 외, 1996: 64), 대량소비를 창출하는 메커니즘에서의 현대광고는 가상의 '허위욕구'를 발생시킴으로써 그 새로운 가치창출을 지속 가능하게 하고 더 나아가 자본주의적 생산에서 파생되는 소비 이데올로기를 조장하는 기능을 한다(williams, 1980, 손장권 외 1996: 64). 결국 인간이란 '비경제인'으로서 비합리적 행위에 더 익숙한데 그 예가 바로 광고에서다. 그러나 '경험실증주의'적 인식 틀의 자유주의적 옹호론에서 인간이란 여전히 최소한 노력으로 최대의 만족을 추구하는 합리적 개인으로 설정하고, 그 새로운 가치에 의한 '물신숭배' 혹은 비합리적 인간행위 자체를 부정한다(신태섭, 1999: 72).

자유주의적 옹호론은 시장에 대한 신뢰를 기반으로 한다. 인간은 이성적이다. 적절한 자료를 얻을 수 있다면 자신에게 이로운 쪽을 선택할 수 있다. 인간은 자신에게 가장 이익이 되는 합리적인 선택을 위해 서로 경쟁하며, 그 활발한 경쟁은 저급한 선택과 비이성적인 행위를 도태시킨다. 활발한 경쟁을 보장하는 자유로운 시장은 인간의 행복과 사회의 건강을 위한 초석이다. 욕망을 최대한 충족시키려는 개인들의 이성적 활동은 탄력적이고 자기 수정적인 시장 메커니즘에 의해 가장 잘 중재된다. 그리고 광고는 바로 그러한 시장 메커니즘을 구성하는 가장 중요한 일부분이다(Rotzoll, Haefner & Sandage, 1986, 한상필, 1994, 신태섭, 1999: 72).

신자유주의 입장에서 광고는 시장경쟁을 제한하고 자원의 비효율적인 배분을 초래하며, 시장진입의 장벽을 쌓아 독점화를 초래하고, 물질주의적 가치관을 팽배케 해 건강한 사회의식을 훼손하며, 허위적 욕구를 자극해 불필요한 소비를 조장하고, 미디어에 부당하게 간섭하며, 사람들의 의식을 소수통제자의 구매에 맞게 조작한다. 광고는 잠재적 생산자들이 시장에 진입하지 못하게 진입장벽을 쌓고 상품가격을 인상시킴으로써 자유로운 시장력의 발달을 저해하는데 그럼으로써 현대사회의 건강을 보장하는 시장의 균형을 깨뜨리는 것이다(Leiss, Kline & Jhally, 1986: 15).

위와 같이 광고가 비합리적 가치의 존재로서 '변장(變裝)'을 시도하는 이론체계는 '경제사회학(Sociology of Economics)'에서다. 이는 광고환경에 대한 단선적인 경제시스템—대량생산에 따른 대량소비—의 '경제학(Economics)'과 대비시켜 보면 더욱 명확해지는데 '경제학'에서 광고를 설명하는 취약점을 보완해 주는 것이기도 하다. 우선 그 대비란 바로 광고로 조성되는 소비환경을 더욱 대중소비자의 물리적, 의식적 환경에 용이하게 확장[8]시키는 계기를 마련해 주는 것이다. 그리고 여기서는 바로 인간의 경제행위[9]를 설명하는 것에서부터인데, 우선 '경제학'에서 인간의 경제행위는 지극히 합리성이 충

---

[8] 앞선 광고환경의 문화적 관점 비판에서도 '경제사회학'은 광고가 문화로 가공되는 것을 더욱 용이하게 하는 것이며 더 나아가 종교적 관점에서도 광고환경이 종교의 속성을 갖는 신격화를 잘 설명해 준다.

[9] 광고를 매개로 하는 행위는 생산행위 소비행위로서 모두 경제행위다.

만한 것으로 해석된다.[10] 그러나 '경제사회학'은 이러한 경제학의 배타적 해석에 유연성을 불어넣는데, 바로 광고환경이 생활 전반에 확산되기 위해서라도 합리적 소비만을 위해 행하는 인간경제행위는 설득력이 부족하다는 해석이다. 즉 '경제적 인간(an autonomous and automized rational economic man)'으로서의 인간해석은 오히려 광고환경 조성의 의도를 설명하지 못한다.

'경제사회학'은 소비자의 사회적 관계에 '배태(embedded)'[11]라는 개념으로 인간의 '제한적 합리성(bounded rationality)'[12]에 주목하여 합리성과 비합리성—사회적 합리성—이 혼재하는 사회경제적 인간행위에 초점을 두어(공유식 외, 1994: 18) 인간 경제행위에 대한 광고이해를 더욱 용이하게 하고 있다. 이러한 인간 경제행위의 논리라면 소비라는 경제행위도 철저히 합리적 효용가치를 위해 행해지는 구매결정은 아니라는 것이며, 그렇게 소비로서 배태시키려는 광고역할에는 무한한 가능성을 제공한다고 볼 수 있다. 결국 과도하게 확장되어 가는 광고환경은 소비자가 비합리적 소비를 기꺼이 합리화시킬 수 있게 하는 것이다. 그리고 그 배태전략은 문화의 유형화[13]로 가시화되는데

---

10) 경제학에서 인간 경제행위의 개념화는 합리성(rationality)을 전제로 하며, 이러한 경제이론의 기본전제는 여타의 사회과학에도 적용 가능한 것이라고 생각하는 과학의 제국주의적(Swedberg, 1987, 공유식 외, 1994: 18) 입장을 갖고 있다(Swedberg, 1987, 공유식 외, 1994: 18). 그러나 사람들의 비경제적인 행위도 궁극적으로 합리성을 통해 설명된다(Becker, 1976, 공유식 외, 1994: 18).

11) 배태(embedded)라는 개념은 '폴래니(Polanyi, 1957)'에 의해 최초로 사용되었으나 별로 주목을 받지 못하다가 '그라노베터(Granovetter, 1985)'에 의해 본격적으로 부각되었다(공유식 외, 1994: 18).

12) '제한된 합리성(bounded rationality)'이라는 개념은 조직사회학 분야에서 '사이몬(Simon, 1947)'이 처음 사용했으며, 조직활동을 하는 인간은 제한적일 수밖에 없고 정보도 불완전하기 때문에 의사결정을 비롯한 조직활동이 합리적 체계이론의 시각과 같은 방식으로 수행할 수 없음을 지적한다(공유식 외, 1994: 18).

13) 대부분의 경제학이론에서는 인간의 경제행위에 대한 문화적 논의가 빠져 있다. 사람들의 취향이 달라지는 것처럼 사회적 인지가 달라지는 경우 경제학

이를테면 '포드주의(Fordism)'적 축적세계가 경직된 생산뿐만 아니라 생산과 소비의 분절로 인해 침체상황에 직면했을 때, 새로운 상황에 적응하기 위해 노동과정과 노동시장, 생산과 소비의 유연성에 의존하는 소비의 영역에서, '유행'을 동원시켰던(Hirsch, 1985, 손장권, 1996: 64) 광고에서, 상품소비의 주기를 축소시키는 선상에서, 사용(효용)가치보다 더 중요한 '외양화된 사용가치(appearance of use value)'[14]를 생성시키고 그 가치를 인간 주변에 '배태'시키는 깃에서 그 유형화를 찾아볼 수 있다(강명구, 1993, 손장권, 1996: 64).

요즘 우리나라에서 '적립식펀드'가 인기다. 은행·증권회사 등 금융회사들은 이 같은 투자방식을 평균매입단가를 떨어뜨려 돈을 벌 확률을 높이는 신종투자기법인 것처럼 선전하고 있다. 그러나 그럴 싸해 보이지만 속임수에 가깝다. 예를 들면 매달 100만 원 삼성전자 주식에 투자하면, 주가가 50만원일 땐 2주밖에 못 사지만, 25만원으로 떨어지면 4주를 사게 돼 평균단가가 30만원대로 떨어지기 때문에 돈을 벌 확률이 높아진다는 얘기인데 '주가는 낮을 때 많이 사면 돈벌 확률이 높아진다'는 전제 자체가 엉터리다. 주가가 50만 원이든, 25만 원이든 어느 날 갑자기 1만 원으로 폭락할 가능성은 동일하다. 또 투자지점·투자대상의 선택에 따른 손실을 볼 수 있다는 점도 일반 주식회사와 마찬가지다. 적립식 투자도 주가변동 위험에서 결코 자유로울 수 없다. ……기업들은 소비자의 경제적 무지를 이용 신용판매, 할부판매 등으로 소비자의 호주머니를 노린다(조선일보 2005년 6월 4일(토)자 D2면).

자들은 그것을 외생적인 문제로 치부하고 사회학자들에게 맡기는 것이 더 낫다고 생각한다(공유식 외, 1994: 173).

14) 여기서의 외양화된 사용가치는 광고에 의해 창출되는 욕망의 체계와 욕구만족에 대한 약속인데(손장권, 1996: 64), 이렇듯 광고환경은 소비자 혹은 시민 주변에 비합리적 근거로 소비를 정당화할 수 있는 환경으로 배태되는 것이다. 그리고 그 배태는 소비라는 경제행위에서 명백히 합리성이 결여되거나 혹은 손상을 입은 제한된 합리성이 된다.

  결국 대중들은 자신의 소유물에 실제 형태나 내용과는 관련이 없는 외재적인 요소에 관심을 갖는 것인데 물리적 가치가 아니라 사회적 가치에 대상으로 전환되는 것이다. 즉 그 물건이 자신의 사회관계에서 어떠한 역할을 하는가가 더 중요한 기준(Wallendorf and Arnold, 1988: 23)이지 그 물리적 품질기준은 두 번째가 되는 것이다. '발렌도르프(Malanie Wallendorf)'와 '아놀드(Janeen Arnold)'는 미국인들의 경제행위를 빗대어서 그러한 해석에 도움을 주기도 한다. 즉 미국인 응답자 중 60%가 '좋아하는' 사물에 대한 집착이 기술적인 기준보다는 사회적인 기준에 근거한다고 했고 나이지리아 사람들도 비슷하게 대답했다(Mukerji, 1983, 공유식 외, 1994: 186). 이는 소비자의 상품 구매결정에 영향을 미치는 합리적 요인 외에 여러 외생요인이 존재한다는 것이고, 그 요인은 비합리적 근거로 가공되어 상품의 효용가치보다 더 중요한 가치로 부각[15]된다는 것이다. 그러나 이러한 부각은 마케터가 제품의 차별성을 부각시키면서 끊임없이 '고가(高價)상품' 시장을 개척하여 이른바 '소비미덕'이라는 새로운 '이데올로기'를 만들어 개인당 절대 소비량을 증가시키는 고이윤전략에 불과하다(위의 글, 1997: 11). 이러한 의도적 배태는 소비자 주변에 필연적으로 제한된 합리성일 수밖에 없으며, 불안정한 대중의 경제의식을 이용하는 셈인데 그 대표적인 예가 바로 과소비를 합리화하는 '선호(preference)' 형성이다. 광고로 조성되는 인간의 소비환경은 늘 인간 그 자신을 세상 속으로 '자리매김'하는 표현방식(Douglas and Isherwood, 1982, 유홍준 외, 1997: 12)을 배태시키고, 인간은 그러한 비합리적 사고로도

15) 이를 가리켜 앞의 광고에 대한 비판적 관점에서 유행, 이미지, 스타일, 기호가치 등등의 가공된 문화에 해당한다. 경제사회학에서 이는 상호작용적 현상이라 하여 '사회적 확산(social diffusion)', '사회적 전염(social contagion)', '모방(imitation)', '편승행위(bandwagon)', '전이행동(herd behavior)', '동료의 영향(peer influence)', '이웃효과(neighborhood effects)' 등으로 규정하고 있다(류명석, 2001: 27). 결국 경제사회학에서도 그 현상들을 합리적인간의 경제행위라 보지 않는다.

자신의 과소비를 정당화시킬 수 있는 것이어서 비합리적 과소비라 하더라도 선호를 드러내는 사회관계는 그 상품이 어떠한 역할을 하는가가 중요하지 그 품질은 더 이상 중요하지 않다(Chikazntmihalyi and Rochberg-Halton, 1981, 유홍준 외, 1997: 12)는 것이다. 결국 광고환경은 소비라는 자체로도 사회구성원으로서 사회참여를 하고 있다는 비합리적 사고를 자극하거나 일깨워 주는 것이다.

이러한 대중의 제한적 합리성이라는 틈새는 여러 마케팅 기법에 의해 광고환경으로 채워져 나간다. 그리고 나중에 인간 주변은 비합리적 요인으로도 쉽게 소비를 결정할 수 있게 견고히 배태되는 것이다. 이를테면 지난 2003년 국내의 드럼세탁기, 양문형 냉장고, 디지털카메라 등의 광고환경 조성은 공식적인 광고매체의 영역을 넘어서 세대별, 공간적, 시간적, 의식적 관심이 머무는 어디에서든 문화, 체험환경으로 배태되었다(문윤수, 2004: 195). 이는 과거의 진정한 문화로서, 또는 문명화로서 생성되는 개개인의 경제행위의 배태와는 관련 없이 제한된 합리성으로 가려 있던 문화적 빈 공간을 작위적인 광고환경이 배태시킨 것이기도 하다. 결국 '경제사회학'은 인간 혹은 경제인이 '문화'라는 비합리적 요인으로도 소비를 결정할 수 있는 아이디어를 제공했다 보면 되는데 그러한 제공은 경제사회학적 관점으로 광고환경을 보면 광고가 제시하고 있는 문화적 표현양식이 얼마나 전략적인가를 알 수 있다. <그림 4>와 <그림 5>는 그 과정을 상세하게 설명하고 있다.

우선 <그림 4>를 보면 인간 주변에 경제사회학의 개념인, '제한된 합리성'이 광고와 무관한 것을 보여준다. 인간의 소비라는 경제행위가 여러 가지 비합리적 요인(A, B, C, D, E, F, G, H, I, J)을 통해서 결정되는 상황을 보여준다. 그리고 그 가운데 광고는 오로지 그 비합리적 요인들 중의 하나에 불과하며, 오로지 공식적인 광고경로를 통해서 미미하게나마 인간 소비행위에 비합리적 자극을 주는 것이고 그렇기 때문에 '광고환경(The Environment of Advertising)'이라 칭할 수도 없을 만큼 단순한 '광고물(Advertisement)'에 불과한 것이다.

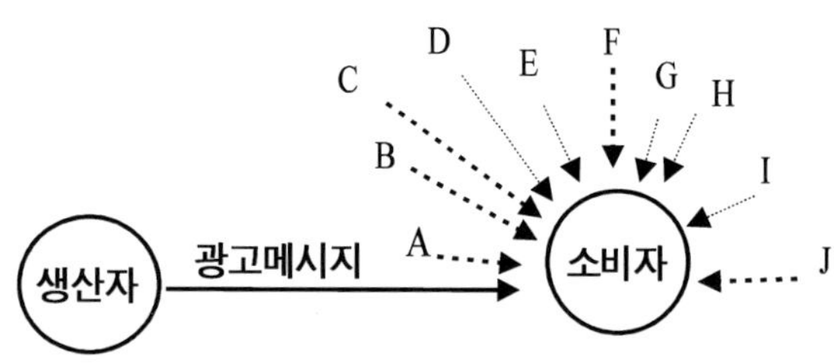

〈그림 4〉 소비자의 제한된 합리성틈새가 방치된 상태

그러나 <그림 5>는 그러한 미미한 영향을 극대화시키기 위하여 생산자인 마케터가 인간의 비합리적 요인 모두를 광고환경으로 자연스럽게 취합하는 것이다. 다시 말해 단일한 광고메시지의 경로, 즉 공식적 광고매체뿐만 아니라 소비환경(A, B, C, D, E, F, G, H, I, J)이라 칭할 수 있는 소비자 주변에 모든 비합리적 요인들을 취합하여 소비행위로 체험할 수 있는 문화로 가공하는 것이다. 그러나 여전히 인간은 그 전략적 취합가공을 감지하지 못한 채 그 배태된 환경에 놓이게 되는 것이다. 결국 이는 광고라는 소비정보가 현대사회에 들어오면서 왜 문화로 변모하여 갔는지를 보여주는 것이기도 하고 앞선 문화사회학적 관점의 광고환경보다는 경제사회학 관점에서 광고환경의 사회통제가 더 전략적임을 보여주고 있는 것이다.16) 결국 경제사회학에서 광고는 자본주의 경제인들 주변에 비합리적으로 배태되는 자연스러운 광고환경을 문화사회학과 함께 설명하고 있는데,

---

16) <그림 5>의 생산자 소비자의 화살표의 방향이 양방향인 것은 생산자가 취합한 제한된 합리성의 소비 요인들이 단순히 소비자에게 일방적으로 제공되는 것이 아니라 역으로 그 환경에 노출된 소비자의 정보를 생산자가 취득하는 것을 의미한다. 동등한 교류는 아니다. 부가적으로 본 논의는 이후 '정보사회학'관점에서 여러 가지 '데이터베이스시스템'을 이용하는 광고에서 잘 드러나 있기도 하다.

사람들이 저마다 현명하다고 주장하면서도 충동적이고, 쾌락적이고, 과시적인 소비를 하게 되는 외생적 이유를 제공하기도 한다.

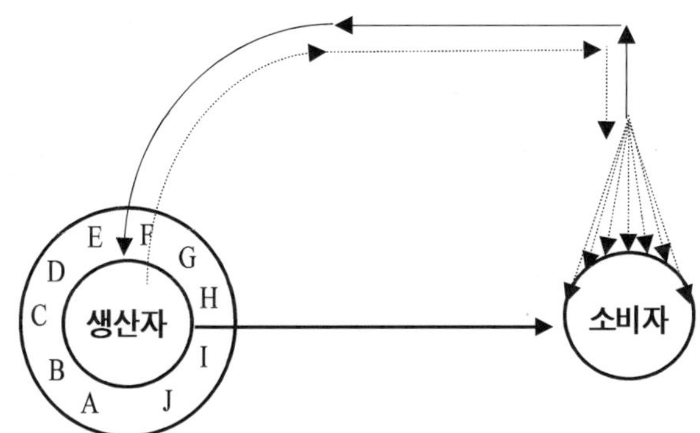

〈그림 5〉 소비자의 제한된 합리성틈새가 광고환경으로 통제된 상태

4. 종교사회학이론(The Sociology of Religion)

광고환경으로서의 종교성은 자세하게 4단계로 설명된다. 그 첫 번째 단계-1890년대에서 1920년대 사이-가 바로 상품효용성-우상숭배-의 단계다. 산업문화가 발전되는 이 단계에서는 새로운 기술의 상품이 숭앙되고 숭배된다. 광고는 새로운 세기에 상품을 경축하기 위한 형태로 작용하게 된다.

두 번째 단계-1920년대부터 1940년대 사이-는 상징화의 시기이다. 이 단계에서 광고의 초점은 상품의 숭배에서 특정한 사회적 맥락에서 상품의 의미로 옮겨갔다(Jhally, 1987, 윤선희, 1996: 252). 이를테면 상품 그 자체의 효용속성과는 별개로 추상적이고 모호한 현대성, 우아함, 자연주의, 귀족지위, 세련된 도시민 등의 극도로 이상적 속성을 투과시키기 시작한 것이다.

세 번째 단계—1940년대에서 1960년대 사이—는 개인화(narcissism)
의 시기이다. 이 시기에는 광고에서 상품은 인간을 통해 힘이 부여
되며, 소비자는 자신에게 개인적으로 상품이 어떤 이로움을 줄 수
있는지 생각한다. 이런 힘이 여러 방식으로 표현될 수 있지만, 개인
의 갑작스런 변화나 상품이 다른 사람에게도 힘을 발휘할 수 있다
는 '흑색마법'을 통해 대부분 표현된다. 여기서 사물의 세계는 사람
들의 일상생활에 들어와 '마법'적인 힘이 발휘되는 것인데 이를 '물
신주의(物神主義)'라 부르기도 한다(위의 글, 1996: 252).[17]

네 번째 단계는 이를 반영하는 라이프스타일(lifestyle: totemism)
단계인데 현대광고에서 상품은 자연적 종족을 대신한다. 그리고 상
품은 단지 공리주의적 사물에서 벗어나고, 사회적 가치를 추상적(抽
象的)으로 대표하는 데서도 벗어나 개인적 세계와 인간관계로 연결
되는데 여기서 효용, 상징, 개인화는 한데 섞이고 '집단'의 기호 아
래 혼합되는 것이다. 결국 상품은 집단성원의 배지(badge)가 되는
것이다(위의 글, 1996: 253). 그리고 그 배지취득의 '강박관념'은 마
음의 평정을 되찾는 종교행위라 볼 수 있는데 이러한 일련의 과정
은 충분히 광고가 현대사회에서 종교를 대신하는 존재라 볼 수 있
으며, 신흥종교라 말할 수 있을 정도로 그 집단적 추종도 대단하다.

산업혁명과 더불어 현대사회의 기술문명이 급속히 발전하는 과정
에서 한때 적잖은 사람들이 종교의 급속한 쇠퇴 몰락을 예고한 적이

---

17) 그러한 '물신주의'는 이주 오래전 인간집단이 특정한 종류의 동식물 또는
다른 사물과 특수한 관계를 가진다고 믿는 신앙과 그 제도와 아주 흡사한
것이고 야만시대의 토테미즘(totemism)과 유사하다. 광고의 이러한 '토테미
즘'적 작용 때문에 현대인들은 상품매개에 의해 비로소 '개성'이나 '의미'를
가질 수 있게 된다. 즉, 광고에 의해 주체가 형성되는 것이다. 그렇지만 사
람들은 광고 속의 상품에 의해 단순한 주체가 아니라 특정한 종류의 주체
로서 창출된다(Williams, 1980, 조병량, 1978: 127, 신태섭, 1999: 78). 상품
의 차이와 정체성의 차이를 교환하는 이러한 현대의 '토테미즘'은 인간의
현실 간의 허구적인 관계를 발생시키고 지속시킨다는 점에서 '이데올로기'
라 할 수 있는 것이다(박주하, 1995: 28).

있었다. 이를 가리켜 '종교의 세속화(secularization of religion)'라 하는데 이는 종교적 신념, 실천 제도 등이 사회적 중요성을 상실해 가는 과정을 말하는 것이다(Berger, 1967, 석현호 외, 2004: 299). 그러나 현대사회는 그 세속화 과정에도 불구하고 종교는 여전히 건재할 뿐만이 아니라 인류사회의 생명력을 유지할 것임을 웅변적으로 보여 주기도 하는데(석현호 외, 2004: 300) 이는 인간에 의해 의도적으로 생성시킨 사회현상에서 초자연적이며, 초월적인 것[18]을 내포하는 영험한 대체종교의 등장을 의미하는 것이기도 한데, 광고라고 하는 이 제도는 그 대체 종교성을 가장 많이 내포하기에 종교사회학에서도 가장 흥미로운 주제이기도 하다.

그런데 그러한 '종교사회학'적 광고해석 배경에는 '맑스'의 해석 틀이 더 필요하다. 일찍이 '맑스'는 인간이 종교를 만드는 것이지 종교가 인간을 만드는 것이 아니라고 했는데(위의 글, 1990: 172), 결국 그가 주장하는 종교란 인간을 투사하고 인간의 생산품이며, 인간의 소외를 만회하기 위한 방법이기에 '이데올로기(ideology)'로 볼 수 있는 것이다. 결국 그가 얘기하는 종교란 인간소망의 투사로 만들어진 인간의 창조물인 것이다. 그렇다면 광고도 '맑스'가 주장한 종교와 너무나도 흡사해서 신비(神秘)할 정도로 다양하게 혹은 기이(奇異)하게 해결해 주기도 함을 상기한다면 충분히 종교적인 것이다.

광고의 본격적 종교현상으로의 해석은 '뒤르케임'의 해석에서 더 설득력이 있다. 그가 말하는 종교란 인위적인 의도보다는 원시사회의 '토템숭배(totemism)'에서 기인한다 했다.[19] 그리고 그로 인하여 생성되는 종교의 정의란 세 가지로 개념화하였는데, 바로 '신념(信

---

18) 초자연적인 현상은 하나님으로부터 전달된 일련의 메시지로 인식한다 (Roland, 1970: 7).

19) 뒤르케임의 종교해석은 맑스와 달랐다. 종교의 원천과 본성, 사회적 역할, 종교의 미래에 관해서 그의 이론은 맑스의 주장을 정면으로 거부한다고 말할 수 있다(오경환, 1990, 237).

念)'20)과 '의례(儀禮)'21)에서다. 그리고 주술(呪術)행위22)와 구분하기 위해서 '공동체(共同體)' - 혹은 집단 - 라는 개념을 첨가하였다(위의 글, 1990: 246). 이는 다름 아닌 광고로 조성되어 특정브랜드에 줄을 서는 인간의 신념, 그에 대한 의례적 광고캠페인 활동, 그리고 무엇보다도 그 신념과 의례활동을 추종하는 집단형성은 종교와 충분히 흡사한데가 있는 것이다.23)

'프로이드(Sigmund Freud)'의 경우, 종교란 미숙하고 유아적인 인간의 행복을 추구하려는 환상에 불과하다고 주장하였다.24) 그리고 그 환상 제거방법은 바로 이성으로서의 과학이라 하였는데 그래서 광고는 그 과학의 힘을 입어 날로 과학화 되었다. 그러나 그 과학화 된 광고속에 인간은 날로 비과학적 '물신주이'를 찬양하게 되어 '하틀리(John Hartley)'의 '소아병주의(paedocracy)'에서 그 조짐을 읽을 수가 있다. 결국 광고란 자본주의 사회에서 가장 과학화된 존재지만 그 목적에서는 가장 비과학적이어서 종교적이기까지 하다.

종교란 인간소망 - 보상, 행복추구 - 으로서, 도덕으로서, 과학과 배치(背馳)되거나 대치(代置)된 인위적 환상으로서의 '관습(ritual)'으로 전개되어 왔고 그중에서도 광고와 관습은 종교적 속성을 띠기 위하여 다양한 방법으로 관계되어 왔다(Sherry, 1987, Wright and Snow, 1980, Ritson and Elliot, 1999: 270). 이를테면 관습들이 의미를 실어

---

20) 속(俗)스러운 것의 반대 성(聖)스러운 것.

21) 일정한 행동양식을 의미함.

22) 불행이나 재해를 막으려고 주문을 외거나 술법을 부리는 일.

23) 물론 광고는 뒤르케임이 정의한 일반적 종교 외의 유사종교로서 주술, 미신 등에 해당하는 존재다.

24) '프로이드'가 종교를 토템사상(totemism)에 기인한다고 한 것은 뒤르케임의 영향을 받은 것으로 볼 수 있으나 그 기인에 따른 평가는 뒤르케임과 극도로 상이했다. 오히려 토템종교는 자신의 죄의식에서 출현하였고 그 감정을 가볍게 하고 또한 밀렸던 순종을 표시함으로써 아버지를 진정시키려는 시도에서 발행하였다(오경환, 1990: 281).

나르기 위해 광고 쪽으로 연합되는 것을 말하는데 이는 마치 아주 잘 조직된 '종교(religion)'[25]와 같이 매우 많은 사람들이 관습적 상호작용을 집단적으로 행하기에 그런 것이다(Ritson and Elliot, 1999: 270). 그런 의미에서 광고는 단순히 '종교'라는 은유적 표현을 뛰어넘는 종교본질 — 이성(理性)과 과학(科學)을 능가하는 힘으로서의 인간소망, 도덕 — 을 보유하고 있는 것이다. 그래서 광고를 숨은 '신화(myth)'라 하여 감추어진 현대의 '신(神)'에 관한 찬미를 담는다고도 한다. 그러나 여기에서 현대의 신이란 '물신(物神)'으로서의 상품을 뜻하며 이 같은 묘사는 자본주의의 병폐인 '황금만능주의(黃金萬能主義)'나 '물질만능주의(物質萬能主義)'를 자연의 섭리 혹은 신의 섭리인 것처럼 당연한 것으로 간주하거나 심지어는 부추겼기에 수치스러운 종교라 볼 수 있다(신태섭, 1999: 69).

미디어 비판이론에서 '상업광고'나 '정치광고'에 있어서 미국의 광고전문가 '토니 슈바르츠(Tony Schwartz)'는 광고에 대한 종교적인 개념화로 '제2의 신(The Second God)'이라 주장하였다(Tony Schwartz, 1983, 심길중, 1994, 강준만, 2002: 199). 그는 미디어 자체의 문제가 아니라 미디어에 실린 광고가 신으로서 군림(君臨)하는 그 자체를 지적하였는데 '밴티지(Vantage)' 담배의 광고실험 결과를 예로 들어 설명하였다. 이 광고에선 정장에 넥타이를 맨 잘생긴 남자가 담배를 손에 들고 "흡연, 내가 지금 하고 있는 게 바로 그것이다"라고 말하는 모습을 보여준다. 이 모습에 대해 거의 모든 응답자의 대답은 같았다고 한다. 그 사진 속에 남자는 대학을 나왔고, 바람기가 있고 연 3만 달러 이상의 소득을 올리며, 비싼 아파트에 살 것이라는 따위의 대답이었다는데 그 광고가 실질적으로 말하고자 하는 메시지는 그 담배

---

25) 종교의 사전적 의미는 초월적 절대자 또는 신성시하는 대상을 경외(敬畏)하는 신념체계를 기반으로 신앙(信仰)·기원(祈願)·예배(禮拜) 행위로서 구제·축복·해탈을 목적으로 하는 문화현상의 하나라 한다. 그리고 현대의 광고는 그러한 종교적 속성이 가득하다.

를 피워야 그게 가능하다는 것이다(Richard P. Adler, 1981, 강준만. 2002: 200). 그리고 그 안에 흘러 다니는 광고라는 메시지 구성요소를 잘 관찰해 보면 그에 노출된 인간은 충분히 '환상(幻想)'임을 인지함에도 불구하고 그 환상을 기꺼이 받아들인다는 것이다. 결국 사람들은 광고환경이라는 그 자체를 '신'으로 간주하여 과학적 설명이 불가능한 종교권력에 지배당함을 즐기는 것이다.26)

일찍이 '베버'는 근대사회의 과학이 전통사회의 감상적인 사고를 몰아냈다는 점을 표현하기 위해서 '탈마법화(disenchantment)'라는 용어를 사용하였다(Anthony Giddens(김미숙 외 역), 2001: 32). 그러나 근대보다 더 자연과학이 만연된 시점인 현대에도 '탈마법화'는 사실상 실현되지 못했다. 왜냐하면 현대에 이르러 자연과학적 설득력만이 인정됨에도 불구하고 '광고'의 종교적 설득력은 그 인정을 거부했기 때문이며 이는 광고라는 영역뿐만 아니라 영화, TV드라마, 대중소설, 거대 상업화한 스포츠들, 디즈니랜드, 카페의 실내장식, 심지어 객관적 사실인 듯 보이는 뉴스들에서조차 종교성을 확장하고 있기 때문이다. 이른바 '마법(魔法)적 문제 해결'27)을 원하는 현대사회의 감정구조를 나타내는 것이라 할 수 있는데. 결국 현대의 문화 전체가 그러한 감정구조를 광범하고 심층적으로 표현하고 있으며, 광고환경의 그러한 문화적 특질을 확대 재생산하고 있음은 사회 전체가 일종의 마법체계-자연과학과 배치된 종교를 비판하는 가장 대표적 이유-로 간주 될 수 있는 것이다(신태섭, 1999: 77) 그러나 무엇보다

---

26) 이러한 주장에 대하여 대부분의 사람들은 그 정도로 자신의 의식을 평가 절하하지는 않을 것이다. 그러나 여기서 얘기하는 것은 무의식중의 그러한 수용을 얘기하는 것이지 결코 의식에서가 아니다.

27) 맥주가 충분하다면 맥주를 마시는 사람이 남자답다거나 정열적으로 젊거나 사교적이라는 광고는 애초에 불필요해진다. 마찬가지로 세탁기는 세탁에 유용할 뿐 이웃의 선망의 대상이 될 수는 없다. 현실에서 그러한 연상작용들에 의거해 상품을 판다는 것은 판매대상이 충분치 않으며 상품이 환상에 의해서만 판매대상으로서 인정받는다는 것이다(신태섭, 1999: 77).

도 중요한 것은 그 확산이 산업화에 힘입어 일종의 '격률(格率)'[28]로 시도되는데 더 큰 문제가 있다.

우리는 종교에서 자신의 주변 문제를 해결하려 한다. 그래서 그 해결은 다름 아닌 사람과 사물을 연결시켜 주는 것이고, 일종의 사람과 사물의 종교적 관계를 규정하는 것일지도 모른다. 일찍이 이러한 현상을 '물신주의(Fetishism)' — 본 물신주의는 앞선 맑스적 관점에서의 광고환경 비판을 보다 심도 있는 종교적 관습을 중점으로 비판하려 함 — 라 하여 종교적인 속성과 유사함을 '비판이론'에서 제시하기도 하였다. 그러나 물신주의가 광고환경 때문에 직접적으로 일어나는 것은 아니다. 이는 다시 말해 광고가 없어지면 물신주의가 사라지는 그런 것은 아니라는 뜻인데 그렇다고 해서 그런 상품 물신현상과 무관한 것 또한 아니다. 오히려 광고환경이 자본제적 상품생산에 기초한 상품물신성에 오늘날의 광고 수용업 과정을 거치면서 현재화되고 증폭되는바, 광고는 현대적인 물신숭배의 제도화된 '발현(發顯)'의 경로(徑路)이자, '증폭(增幅)'의 장치'(裝置)가 되어버린 것이다(위의 글, 1999: 70~71). 이에 대한 체계적 비판은 바로 그 '발현', '증폭'의 역사성에서 찾을 수 있는데 일종의 '의사종교(pseudo-religion)'가 마법으로서 합법화되는 과정이라 볼 수 있다. 그런데 그 과정에서 놀라운 점은 현대적 '라이프스타일'의 마법적 합법화는 마법적 종교성과 결별을 선언한 '근대화'의 시작이라는 점인데, 이는 오히려 본격적으로 사람이 사물에 매어 있는 야만적 의식의 원시사회로 회귀한다는 '아이러니'를 보여주기도 하는데 그 구체적 과정은 다음과 같다. 우선 그 **첫 번째**가 전통적, 전 산업(pre-industrial)의 사회에서다. 이 시기

---

28) 이는 사회적으로 온당한 '준칙'으로 오로지 소비로 지켜내야 함이다. 그런 의미에서 종교적 격률이라 말할 수 있는 것이다 가장 대표적으로 "소비가 미덕이다"라고 하는 말도 일종의 종교적 격률이다. 그리고 더 나아가 종교 집단의 경제적 존폐가 어떤 '격률'에 동조된 신도들의 재원 확보, 제공 과정과 흡사하다는 것이다.

사람들은 지역공동체, 종교 대가족을 중요하게 여기며 전체적으로 농촌의 '라이프스타일'에 기반이 되는데(Sut Jhally, 1987, 윤선희, 1996: 244) 그로 인한 사람의 사물취득은 종족문화를 통해 연결되고 그 연결통로엔 가족, 공동체, 종교 등에 기반을 둔다. 그야말로 '전통사회'인 것이다.

두 번째 변화 단계는 바로 '산업사회'다. 산업상황에 들어오면서 광고는 사람들에게 전원생활기반의 오래된 종족문화의 활력과 의미를 파괴시키고 새로운 세계와 새로운 생활양식을 이식시키려 하는데, 이를테면 획일적 도시생활의 표준화, 공장노동에서 일과 여가의 분리, 많은 상이한 집단을 일시에 '유화(宥和)'시키면서 나온 문화적 상대주의 등장, 고도의 개인화, '사사(私事)'화된 새로운 유형의 생활 등장, 대중공동의 오락이나 가정사 등이다(위의 글, 1996: 245). 사실 이 산업사회는 다음 '라이프스타일'의 사회로 이동하기 위한 불분명한 단계인데 '산업화의 사회적 위기'라 하여 기존의 전통구조를 이어갈 만한 문화도 생성시키지도 못한 채 빈 공간만 있는 상태다(위의 글, 1996: 245). 그래서 산업화는 문화극복이 아니라 어쩔 수 없이 그 빈 공간을 닥치는 대로 메워나갈 뿐이고 그 중에서 이른바 인간관계라 칭하는 '과시사회성'의 방향으로 변화되어 온 것이다(Stuart Ewen, 1976, 최현철, 1998: 21).

그리고 그 다음 단계는 광고환경이 사물에 대한 특권담화로 그 공백 혹은 간격을 본격적으로 채우는 단계인데(Don Slater(김숙경 역), 2000: 223). 바로 세 번째 '소비사회'단계다. 이 소비사회는 산업사회의 긴장과 모순을 해결하는 것으로 보이는데. 봉건사회에서 근대화로 가는 전환기에서 생긴 빈 공간은 사물을 통해, 사물에 관한 담론이 들어서게 되고, 인구는 1차적 동일화의 양식인 사회계급으로가 아니라 소비계급으로 재구조화된다(Sut Jhally, 1987, 윤선희, 1996: 146) 그리고 바로 그런 과정에서 사물과 사람과의 관계는 광고로 매개된다. 사실 전 자본주의의 사회구성체에서 사물의 의미는 대부분 누가 만들었느냐에 따라 생기게 되는데 제작자의 혼이 담긴 것으로 본다. 그러나 산업사회에서는 그 사물의 의미가 공허하게 되었고 광고환경이 그 껍데기 속에 끼어들어(위의 글, 1996: 246) 사람들의 의식세계는 마법적 황홀경의 변형을 이루는 것이다. 결국 광고는 가장 근본적이고 궁극적인 차원에서 인간과 상호관계를 맺는 지점에서 종교적 관계로까지 승화되어 다시 봉건적 종교사회로 회귀시킨 것이다.

단계별 광고환경에 대한 종교적 해석은 광고의 신비적 독특성을 비판하는 것이기도 한데, 사실 종교적 감지 자체는 '설득(persuasive advertising)'이라는 단순한 비합리성의 문제가 아니라 '세속주의 (secularism)'의 삶의 성스런 역할을 충족시킬 수 있다는 '맹목적 신앙'을 받아들였다는 점에서 비판의식을 결여시키는데 문제가 있다. 이를테면 상품의 권력, 기반 없는 동조, '물신주의'라 하는 기이한 현상을 잡아두는 실체가 바로 광고환경임을 감지하지 못하고 거의 종교와 흡사하게 그 신성성을 추종해 가는 것이다. 이에 대해 '윌리엄스(R. Williams)'는 이른바 '마법의 체계'라 하여 우리가 향유한 유형을 짧게 묘사하면 마법으로써 고도로 조직화되고 전문적 체계인 마법적 동기와 만족을 주는데 단순한 사회에만 나타난다는 통념이다. 그러나 고도로 발전된 과학기술과 이상하게 병존한다는 면에서 그 종교적 광신이 비판된다(Williams, 1980, Sut Jhally, 1987, 윤선희, 1996: 249). 또한 이에 대하여 '캐버나우(J. Kavanaugh)'는 자본주의에서 지배적인 '복음'은 명백히 물질의 소유에 근거하여 현대인의 종교란 명백히 '우상숭배'라 보았다. 이는 맑스의 '물신주의' 즉 인간이 생산한 바로 그 사물에 의해 지배되고 통제되는 동일한 논지로서 그 종교성이 비판되는 것이다(위의 글, 1987: 251). 그러나 근본적인 문제는 자본주의 사회 자체가 야기한 '결렬(rupture)' 즉 소비, 생산의 불협화음은 바로 상품생산의 사회적 관계인 진정한 '신분(status)'감지의 가능성을 제거했다는 데 있다. 이는 다시 말해 광고환경-판매촉진을 위한 비본질적, 상상적인 의미, 태도-에 의해 형성되는 '물신화'와 '투자'가 상품취득, 즉 사물의 충만 이지만 늘 뭔가 부족한 충만 이라는 것이고 이는 언제나 미해결하여 더 많은 신앙심을 요구하지만 채우면 채울수록 부족한 것이다(Martyn J. Lee, 2000: 10).

근대과학은 서양'카톨릭', 동양'유교'에서의 '신관'이 비합리적임을 증명키 위한 출발이었다. 그리고 그러한 실천은 모든 영역에서 과학화라는 이데올로기를 씌워내는 것이었다. 그런 의미에서 기술자, 광고자, 전문역사가들이 사회를 움직일 만큼의 기술 대중화는 그 공헌이 자대한 것이었다(Merritt Roe Smith, 1995: 1) 그러나 그 대중화된 '기술(technology)'의 영혼은 사물과 인간의 관계에 연루되어 오히려 허구를 강화시켰고, 사물을 새로운 사회적 권력으로 다시 '생생하게 살아나게' 하였다. 그런데 그 권력부활은 예전과 달리 황폐화된 상태로서 공허한 빈껍데기에 지나지 않는다. 이는 다시 말해 합리성이라는 '기술이데올로기'는 광고환경에 교묘하게 응용되어 의미가 없는 세상에서 의미를 찾게 해주는 종교가 되는 것이고 그 종교에서의 의례행위는 바로 소비가 뒷따르게 된다는 간단한 논리가 성립된다. 사실 광고의 궁극적 힘은 창조적 천재성이나 조작할 수 있는 능력에 있는 것이 아니라 공허하게 하고 필요하게 하는 것을 변증법적으로 매개하는 능력[29]에 있는 것이다(위의 글, 1987: 254). 그런 의미에서 이제 사람들은 매일같이 광고의 사회적 문법에 참여하면서 상품 헤게모니(hegemony)의 지배 과정에 들어서는 것이다(Goldman, 1992: 2). 이는 오히려 과거 '세속화'에 대한 우려 섞인 설명으로 사회가 점점 종교성을 상실[30]해 간다는 걱정과 달리 회복

---

29) 어떤 종교든 그 교리로써 자신을 성찰한다면 죄인이며 공허하다. 그래서 그 오명을 회복하기 위해 독실해지는 것과 같은 이치다.

30) '종교성 상실'이 '세속화'의 전부를 설명할 수 없다. 그러나 세속화를 설명

하는 회귀과정이라 볼 수 있다. 결국 광고가 입혀낸 종교성, 그 종교체험을 위한 소비, 그리고 이를 따르는 미숙하고 유아적인 집단양상[31]이라면 현대인의 소비생활은 종교생활(신앙생활)과 동일한 '탈세속화'이거나 아니면 그 변종이라 할 수 있는 것이다.

5. 일상·여가사회학이론(The Sociology of Leisure)

인류의 일상생활은 어느 시대나 생리적 필수시간(생필시간), 노동(labor)시간, 여가(leisure)시간으로 나뉘며, 그중에서 '여가시간'은 노동시간, 생리적 필수시간을 제외한 일상생활을 의미한다. 그리고 그 일상생활은 시대적 변천을 겪어 왔는데 우선 '고전적 여가'에서 일상은 '유한계급'들에 의한 '명상' 혹은 '향상'의 의미였으며 두 번째 '근대적 여가'단계에서는 '노동자'를 중심으로 '재생', '휴식'의 의미를 담고 있었다. 그리고 나서 세 번째 '현대적 여가'에서 일상은 '대중'을 중심으로 '회복', '계발(啓發)'로 더욱 변오하였다(강남국, 1999: 45). 그러나 그러한 변화과정에서 최근에 이르는 형태는 그 대상들의 주체적 개발이 결여되어 있다. 이는 오로지 어떤 의도에 의해 철저하게 가공되는데, 그 주체가 바로 광고환경이다. 이를테면 유한계급을 위한 고가의 소량소비, 노동자를 위한 저가의 대량소비, 대중을 위한 고가의 대량소비[32]는 소비로 가공된 여가다. 이는 단순히 상품시장에 수요를 확대하는 마케팅 기술도구를 넘어서 대중들의 일상생활(日常生活)[33]을 규정하고 이를 표준으로 일상화하는, 그야말로 '일상'이란

하는 가장 대표적인 지표가 바로 종교성 상실이다.

31) 맑스, 뒤르케임, 프로이드가 주장한 종교의 정의와 광고의 유사점.

32) 현대의 광고는 과거 유한계급의 '향락'으로서의 소비여가생활을 대량소비를 위해 대중화시켰다.

어떠해야 하는지 개념화하기에 이른다. 그러나 더욱 놀라운 것은 광고환경이 그 개념화의 교체 혹은 지속 등의 변경속도까지 제어할 수 있다는 것이다.

사실 근대화 이전에 우리의 일상생활에서 '여가'란 경제적 행위-소비, 혹은 생산-의미와는 무관했다.[34] 예를 들어, 여가란 종교활동, 사색, 예술활동, 스포츠활동, 놀이 등으로 경제행위와 상관없는 일상생활의 일부분이었다. 그러나 본격적으로 광고가 산업으로서 확장되어 가는 사회 속에서 '여가'란 소비와 아주 유관한 관계를 맺는데 과거 도시화의 격변은 그 여가변질을 더욱 가속화 시켰다. 이를테면 당시 도시로 대거 이주한 노동자들의 여가생활-시간이든 형태이든-은 거의 부재했다. 그렇기에 늘 공장체제-노동, 생필-에만 노출된 계급은 저항과 반감의 의식을 수반할 수밖에 없었고 그럼에도 불구하고 산업-특히 미국사회-발전이 가능하게 된 것은 노동자의 여가를 포함한 습관과 생활양식을 공장에 맞게 '소비향유행위'로 변형시켰기 때문이다(Stuart Ewen, 1976, 최현철, 1998: 16). 이는 다시 말해 노동자의 노력으로 '여가'시간이라는 것이 확보되었지만 그 시간자체는 어렵게 번돈을 다시 써야 하는 시간으로 자연스럽게 유도된 것이다. 그래서 노동·생필 외의 시간으로서의 여가시간은 산업화에 맞게 소비로서 그 형태가 변모된 것이고 자신과 자신의 욕구가 자본주의 생산에 바람직한 것이라고 생각하는 노동자들은 자신의 욕구와 좌절의 원인을 상품소비에서 찾게 된 것이다(Stuart Ewen, 1976: 42). 예를 들어 일상생활에서의 지극히 사적이어야 할 '기념일'들이 소비로서 정형화 되는데 가족휴가의 출현, 크리스마스[35], 생일잔치, 추수감

---

33) 앞선 '문화사회학'관점의 광고논의는 비일상적 문화체험수준에서 광고의 문화가공을 지적하였다. 그러나 '일상·여가사회학'관점에서 논의는 비일상적 문화체험을 넘어서 사람들의 일상 모두에 관여한 광고전면화를 지적하는 것이다.
34) 반면에, 생리적 필수행위와 노동은 경제적 행위와 무관하지 않다, 둘 다 생존, 생계를 위해 기본적인 조건이다.

사절의 가족지향별 축일-산업사회에 규정한 새로운 보편성에 '축제' 가 추가됨(위의 글, 1976: 157)-은 어떤 표준적이지 않을 수 없다 (Mintz & Kellog 1988, 안정옥, 2002: 88). 또한 '여가'를 누리기 위한 공간적 환경도 조성되는데, 교외지역 거주, 산뜻하고 안락한 집, 서재와 피아노 등의 이상적 공간표준들은 이루 헤아릴 수 없다.[36]

여가에 대한 광고환경의 이러한 직접적 개입은 '상업적 여가활동' 이라 개념화할 수도 있는데, 사실 노동운동에서 항상 제기되는 개념, 노동시간 단축, 조기은퇴, 주말추구, 휴가추구, 휴일추구 등 모두는 제도적으로 광고환경과는 관련 없이 만들어진 일상생활에서의 여가시간이었다. 그러나 광고에서는 그 '규정된 시간'들을 어떻게 소비해야 하는지 정밀하게 세분화하여 사람들에게 투사시켰다. 그리고 그 투사는 소비를 위한 것으로 채워져야 했다. 기존의 '여가시간'이 표면상으로는 가정마다 노동과 단절된 것으로 보였지만 광고가 제시하는 여가시간의 수용-소비로 실천할 수 있는 여가-은 오히려 확고하게 제도적으로 노동시간과 여가시간이 상호의존 혹은 '통합'의 의미를 갖는다. 그 이유는 이미 소비로 변모해 버린 여가를 향유하기 위해 노동을 해야 하는 것이기 때문이다. 이는 다시 말해 경제적 생산 없이는 이미 경제적 소비만으로 행할 수 있는 여가를 즐길 수 없다는 것인데, 그러한 통합-혹은 상호의존-은 '여가'시간의 차원을 뛰어넘어 '가족구성원의 역할까지 통합'하게 된다. 그 통합은 오히려 가족구성원 누구나 소비를 해야 하는 자유롭지 못한 소비적 가

---

35) 상업적으로 가공된 '여가' 중 가장 대표적인 '크리스마스'는 울 워스(F. W Woolworth)에 의해 더 촉진되었다. 성탄절에 선물 주기, 산타할아버지 선물, 아버지의 자상한 선물, 성탄나무 장식, 루돌프 사슴의 선물배달, 성탄카드 등은 모두 소비를 위한 여가의 표현이며, 광고를 통해 조성된 것이다 (Frank Ackerman, 1997: 109).

36) '자가자동차'를 보유하여 보내야 하는 가족휴가는 광고의 표현과 함께 소비를 통해서만 가능할 수 있도록 미화된 여가이다.

족통합이라 볼 수 있다.

이렇게 생산과 소비로 구분·규정된, 통합 아닌 통합의 '가정'의 위치는 명백히 '광고환경'에 의해서 재구성된 것이다. 사실 산업도시 등장 이전의 '가정'이란 생산과 소비가 분리되지 않은 '단일한 장소'였다. 그러나 광고환경에 의해 투사된 '가정'이란 임금-앞에서의 남성과 여성의 구분과 통합-을 생성시켜야 하고 그런 이유로 가정애의 상호의존도는 임금으로 대체 되는데 그야말로 가족의 유대(family bond)자체는 광고환경. 동조를 통해 상품구조 속에 안주되는 것이다[37](Stuart Ewen, 1976: 117~123). 드디어 가정이란 광고가 그려내는 형태 그대로 소비로 실천되는 일상공간이 된 것이다. 예를 들어 19세기 후반에 조직된 '낭비', '소비혁명', '광고', '신용할부'는 이른바 '통제혁명(백화점, 우편판매, 디스플레이, 소비자조사, 광고, 경영관료제 등)'을 발전시켰다(Beniger, 1986, 안정옥, 2002: 83). 그리고 이러한 유통체계로 뿌려지는 문화는 '플로슈(J. Ploch)'의 광고담론의 네 가지-실제적, 유토피아적, 유희적, 비판적-의 가치부여 중(Ploch, 1990, 김영찬, 2004: 103) 유토피아적, 유희적 가치유형전략이 소비문화를 향유해야하는 '매력(買力)'으로 나타나 구축된 것이다.

그러나 그 도구적 구축은 오로지 이상화된 기호가 충만한 일상생활로 감지되는 것인데 이는 역사적인 관점에서 20세기 미국의 일상생활을 보면 자세하게 묘사되기도 한다. 우선 **첫째**, 과거 상인(商人)적 현대성에서 산업적 현대성으로 그리고 다시 소비적 현대성으로 현대화될수록 '안락'을 영위하는 사회적 저변확대는 충분히 매력적이다. 두 **번째**는 직장과 주거지의 분리된 공적공간의 변화를 말하는데, 여성의 '자유로운 가사노동'은 안락한 가정생활을 꾸미는 데 사용되었다. 그리고 그 안락이 집중된 장소로서 교외가정은 일터와 가정이

---

37) 과거 산업도시 이전에 가정이란 생산의 단위로서 일상생활의 형태가 전통적으로 자연스럽게 구성되어 있었다.

분리와 교외이주라는 이중의 형태로 노동의 공적 공간, 사적 공간 분리를 고도화에서 찾아 볼 수 있다(Taylor, 1999, 안정옥, 2002: 39). 셋째 공공영역과 사적영역 사이의 분리는 집합적 시간과 사적이고 개인적 시간 사이에 연대분리를 의미하기에 본격적인 향유시간을 제공한다.38) 넷째, 공적 시간과 사적시간의 자율성, '사생활에 대한 숭배(Coontz 1988: 348, 안정옥, 2002: 40)'에 있어서 소비에서 벗어난 시간은 '야만'의 시간과 동일하기에 그 유희적 행위를 멈출 수 없다. 그래서 소비문화의 문화적 타락효과에 대한 두려움은 지양되었다(안정옥, 2002: 40). 다섯째, '공동사회'적 유대의 역할을 대체한 것은 핵가족형태의 가족적 유대와 국가에 의한 핵가족 사회재생산 정책이었는데 결국 경영혁명(경영과학)에 의해 대량생산과 대량유통(소비)이 결합된 '속도의 경제(A Chandler, 1977)'는 소비적 현대성의 시간, 공간의 복합적 관계 속에서 "미국적 템포(Marchand, 1985)"의 소비로 노동과 가족의 일상생활 구조라고 할 수 있는데(안정옥, 2002 41) 그러한 '현대적 일상생활'의 구조화는 기업가 혹은 자본가가 광고환경이라는 매개를 통해39) 의도적으로 대중에게 스며들게 하거나 빠른 속도로 갱신되는데40) <표 1>은 광고의 그러한 의도적인 일상생활의

---

38) 예를 들어 1940년대까지 미국인 대다수의 정체성의 주요한 원천인 직업적 유대, 우애조직, 종족집단, 확대친족, 자원봉사활동이었다. 그러나 핵가족의 교외 이주는 이러한 '공동사회'적 유대의 단절을 가져왔다. 결국 사람들은 사회적 행동주의에서 멀어졌다는 것이다(Coontz 1997, 안정옥, 2002: 39).

39) 그래서 광고로 구축되는 이데올로기적 작용에 대한 연구들은 '욕망창출'의 메커니즘으로서 광고와 마케팅 전략을 비판적으로 분석하는 것인데(마정미 외, 2004: 153), 그 분석의 구도는 광고가 그 욕망창출의 기계적 마케팅 전략과는 극도로 무관하게 아주 유연하고 그럴듯한 일상생활, 일상의식에 스며드는 것을 밝혀내는 것이다.

40) 작업장 내－생산공장－에선 철저하게 대량생산성 향상을 위해 '속도의 경제'와 '범위의 경제'를 위한 외부적 판매통제 전략을 바탕으로 제품주기 단축과 소비자 기호의 다양화를 가져왔고 신제품을 생산하기 위한 잦은 설비교체를 필연화함(안정옥, 2003: 50)은 늘 갱신되는 문화로 인식하게 되는 것이다.

관여와 통제과정을[41] 시간이라는 개념으로 엿볼 수 있게 한다.

〈표 1〉 역사적 자본주의의 변화: 조직혁명, 속도의 경제와 시간통제 전략

역사적 자본주의	세기말~1929년	1929~ 1945년	1945~ 1966(73)년	1966(73)~ 2000년
축 적 사이클	위기 / 실물적 확장 시작	위기 / 해소	실물적 확장 고도화	위기 / 금융적 확장
조직혁명	수직적 전후방 통합 조직혁명 이질성 심화	확 산 이질성 감소	고도화 미국의 도전	네트워크화 새로운 경영혁명
소 유 (법인혁명)	내부유보 증가	대공황	내부유보기초 투 자	감소 및 금융화
경 영 관료제	다사업부제	확 산	고도화	구조조정, 신축화
조직통제	생산 통제 발달 **판매 통제 시작**	확 산 **확 산**	생산 통제 고도화 **판매 통제 고도화**	금융 지향 통제
속 도 경제생산	테일러화, 일관작 업체계 기술적 통제 →	확 산+ 관료적 통제	자동화 **헤게모니적 통제**	정보화 신축적 통제
유 통	**조직된 낭비**(중산층) **소비혁명 / 광고 / 신용할부**	**희소성 경험 확산** (라디오)	**조직된 낭비**(대중) 고도화(텔레비전)	**조직된 낭비** (개인화) **라이프 스타일 飛地**
시간통제 전략	생산성 시간 단축 소비를 위한 시간 (내구재 부문)	노동공유 반대	기준시간단축반대 **소비를 위한 시간**	노동시간 신축화 **시간산업**(속도산업)

출처: 안정옥, 2002: 48
• 진한 글자는 일상생활의 통제의 전략적 주제를 의미한다.

---

41) 챈들러는 경영혁명을 단위 비용의 감소와 이윤 최대화를 위한 조정 및 통제의 관점에서 접근한다. 따라서 조직합리성은 효율성 잣대로 평가될 수밖에 없다. 경영혁명을 완성한 '제너럴 모터즈'의 '알프레드 슬로언'은 기업의 목적이 투자된 자본에 대해 달성 가능한 최대이윤이 아니라 시장에서 달성 가능한 판매량에 부합하는 최대이윤에 있다고 보았다((McDermott, 1991: 29) 하지만 이를 위해서도 판매전략의 효율화가 필요하며 효율성과 통제는 조직 합리성의 측면에서 통합될 수 있는 것이다. 이러한 통제의 여러 가지 전략이 있지만 가장 중요한 대량소비를 위한 소비자의 의식의 통제이고 그 통제는 광고를 매개로 이루어지는 것이다.

산업사회 이전에 가정의 일상생활 형태는 '청교도적 규범', '가부장제'라는 틀 안에서 행해졌다. 그러나 이러한 전통적인 일상생활은 격변을 맞게 되는데, 당시 사회학자들에 의해 기술된 가정이란 지역공동체의 기본이 아니라 기업의 기본으로 전환되었다 한다. 그리고 기업은 오히려 이를 반겨 그 전환된 공간에 그들의 지배력을 채워넣은 것이다(Stuart Ewen, 1976: 131). 이를테면 과거의 가부장제 기반에서의 '가족의 생활방식(The Source of a Life Style)'은 아버지의 정신적 기반에서 멀어져 기업에 의해 대체 되는데(위의 글, 1976: 132) 이에 대한 가장 대표적인 예가 바로 '헨리 포드(Henry Ford)'가 이끈 일상생활의 개념화다. 일찍이 '포드주의(Fordism)'라 일컬어졌던 기업의 대량생산 시스템화는 가정의 대량소비 시스템화로 연계되었는데, 그가 대량생산상품의 시스템을 개척해 왔다면 자동적으로 가족과 관계된 산업적 권위의 연장도 이루어진 것이라 보면 된다(위의 글, 1976: 133). 결국 당시 일상생활은 지속적인 대량소비를 위해 기업이 제시하는 광고로써 '관리'되는 것이다.

> 광고는 가정을 사회화가 이루어지지는 곳이라기보다는 사회화의 배경이 되는 것으로 주장했으며, 가정 내의 경험에서 나온 지식(finger knowledge), 오랜 가정관리 기술(old homemaking techniques)을 비난하고, 그런 현대 가정의 혼란(confusion)을 늘 제시하고 그 무력감을 이용했다. 결국 광고에서 현대적 사회관계라는 것은 대량산업생산을 통해 이룩된다는 것인데, 여전히 전통적 역할-엄마, 아빠, 아이들-들은 명목상 지속시켰다. 그러나 이들의 정의란 가정 내 기업권위의 상승을 의미하여, 광고와 기업들에 의해 규정된 젊은이, 아버지, 어머니의 역할로서 이른바 '가족양식'들은 급속히 변화시키는 것이었다 (Stuart Ewen, 1976: 138).

그 **첫 번째** 예가 바로 가족구성원 중 '여성'의 일상생활에 관여다.

과거 우선 가정 내 여성-혹은 주부-의 역할이란 큰 의미를 갖는데, 그야말로 여성의 '소비노동'에 의해 '관리'되는 소비주의의 추구-광고를 통해-는 노동과 여가의 분리가 아니라 통합하는 통인으로 간주되는데 여성의 지속적인 소비는 남성의 지속적인 생산이 있어야 하는 것이며, 그렇기에 이는 '통합'이라 할 수 있다. 그러나 그 통합은 과거 전통사회에서의 '유대(family bond)'로서의 통합이 아니라 '소외(alienation)'로서의 통합이 더 타당하다. 온통 광고로 유도된 여성의 일상은 공적인 일상으로 유도하는 느낌-남성들의 영역으로서의 공적분야 관여-을 주는데, 애초부터 공적 일상생활이 부재한 여성 소비자, 시민의 '메타포(metaphor)'를 이용해 소비와 연결시키는 것이다. 이는 다시 말해 소비 그 자체가 여성의 자기결정권과 종종 동일한 것으로, 여성의 공적참여자유를 위한 '최적의 수단'[42]으로 묘사되는 것이다(McGoven, 1988, 안정옥, 2002: 90). 그런데 그 참여는 남성과 여성이 확연히 구분되는데 여성은 바로 소비적 공적참여, 남성은 그 소비를 위한 생산적 공적참여로써 가족에서 남녀는 철저하게 소외된 통합에 휘말린 것이다.

두 번째 가족 구성원은 '자녀'의 일상생활에서다. 이들은 광고를 통해 '젊음'을 찬양하고 이상화하는 것에 힘입어 그 젊음소유를 기뻐하지만 그 유지 또한 소비에 의존해야한다. 이는 광고와 무관한 과거 전통가정에서 '아동'이 경제적 생산·소비와 가장 괴리된 존재였음을 기억한다면 큰 변화가 아닐 수 없다. 사실 기업이 보기에 가정내 자녀, 즉 아동기(혹은 청소년기)는 소비 이데올로기 속으로 편

---

42) 당시-1900년대부터 1940년대-에 여성의 공적 참여 요구가 있었으며, 그에 대한 가장 상징적인 공적 참여행위, '여성투표권'의 요구가 거셌다. 그러나 이러한 여성의 진보된 사회적 행위마저도 광고환경은 소비로서 개념화시켜 사회적 참여는 상품시장에서의 관여, 즉 소비를 통해 가정에서의 노예생활에서 벗어난 편리함을 제공하는 가사노동의 향유로 일상생활을 유도하고 있다. 예를 들어 가전기구 구매, 과학적 가사관리, 백화점출입 등이 그에 해당한다.

입시키기에 가장 용이한 시기이며 그래서 광고는 이 시기를 주로 관통한다. 뿐만 아니라 현대에 이르러 광고는 이를 넘어서 '젊음찬양'을 확대하기도 하는데 불의에 대항하고 정직과 세련됨의 갱신대상으로 아동(혹은 청소년, 요즘은 대학생)을 상정하고 이를 표준 조정하여 온당화 시킨다. 결국 그 표준에서 멀어지게 되거나 거리가 있는 세대는 진부해지고, 거부대상으로 자연스럽게 그 역할이 결정되는 것이다. 그러나 그 역할 중에 가장 중심으로 부상한 젊은 세대는 광고가 요구하는 통제에 가장 용이한 세대로서 그 일상이 늘 소비로 실천되는 것이다.

그런데 광고는 그 젊음을 자녀들에게만 국한시키지 않았는데 광고는 가족들의 일상생활이 젊은 생활을 추종하게 만들어서 젊은이, 청소년기, 아동기가 가정 내에서 중요하게 부각되고, 소비전략 대상으로 상당부분 내정간섭하는 것이다. 이는 1920년대 노동자들[43]에게서 그 흔적을 찾아볼 수 있는데 당시 광고를 '중간층도시(middle town)'에 거주하는 사람들에게 이렇게 제안했다. 여성용 세정제인 "뉴졸(Nujol)"은 인간의 내적 청결을 통하여 '깨끗하고 빛나는 젊은 모습'을 얻을 수 있다고 하거나 '레지놀(Resinol Soap)'은 노동자 혹은 소비자들에게 그들이 '아주 다른 사람처럼' 보일 것이라고 하거나 '하인즈(Hinds Cream)'를 사용하면 '아기와 같은 피부'를 가질 수 있다고 하거나 '팜올리브(Pammolive Soap)'를 쓰면 '여학생 같은 피부'를 가질 수 있음을 그럴듯하게 주장했다(*LHJ*, 1922, 1928, Stuart Ewen, 1976: 148). 결국 이 모두에서는 노동자의 일상생활 기준이 '젊음'으로 교체되는 것을 의미함과 동시에, 기존의 비소비적 전통생활양식을 따르는 것까지도 당시 '근대화'에 적응하지 못하는 것으로 간주

---

43) 여기서 노동자들은 미국사회의 노동자에 해당한다. 그러나 우리나라도 그 시기면에서 차이가 있지만 미국과 유사하게 노동자의 일상생활이 광고를 통해 가공되어 왔다.

하여 광고를 통해 불편감을 심어줬다.

　세 번째 가족구성원으로서 아버지의 일상생활이 광고를 통한다면 여성과 자녀보다는 각광받지 못하게 된다. 광고에서 제안하는 자녀들의 일상 역할은 '젊음'을 추종하는 것으로서 가정 내 가장 우위의 생활양식으로 부상하고, 여성의 경우는 사회참여자로서 백화점의 빈번한 출입이 현명하고 적극적인 '사회인'으로서 개념화될 때, '가부장'이라는 아버지, 남성의 역할은 지속적으로 실추된다. 다시 말해 광고가 제안하는 아버지란 '가족의 생계(bread-winners)'를 위해, 돈을 버는 사람일 뿐이다. 가족의 소비를 위해 돈을 버는 것을 제외하고 과거 남성이 가지고 있었던 모든 사회적 권위(social authority)[44]는 박탈당했다(Stuart Ewen, 1976: 153) 보는데 그 가공된 박탈 배후(背後)에는 늘 광고가 있다. 결국 남성, 아버지의 일상적 역할유지란 자녀, 여성의 지속적 소비유지를 위한 경제생산자로의 역할인데, 그 역할유지 방법까지도 광고에 의존해야 했다. 예를 들어 1920년대 광고는 그 역할유지에 대한 어려움이 직장에서의 노동이 축적된 기술의 문제라기보다는, 충성을 바쳐 근면하게 일을 수행할 수 있느냐의 문제로서 그 근면성을 객관화 시켰는데 직업의 안정은 사람이 어떻게 자신의 이미지를 만드는가에 따라서 '파이프 담배를 피우는 것', '티눈질환과 실업', '정확한 시계취득과 시간엄수' 인간, 혹은 '구취와 사회성 결여' 등등이다(Stuart Ewen, 1976: 154).

　파이프 담배를 피우는 것은 조용하고 심사숙고하는 습관-편안하게, 자극하는-이다. 그리고 파이프 담배를 피우는 것은 사람이 올바

---

44) 그렇다면 현대의 광고가 투사시키는 남성은 어떠한가? 사회적으로 남성, 혹은 가정에서의 아버지의 역할에서 사실상 유엔(Stuart Ewen)이 묘사한 역할과 변함이 없다. 궁극적으로 소비의 주 역할자로서, 젊음 향유 대상자로서 자녀에 대한 양육, 소비로서 드러내야 하는 여성, 혹은 아내의 사회참여를 유지시키기 위해서 남성, 아버지의 역할이란 바뀔 수 없다. 혹시 그들(자녀, 아내) 스스로의 역할유지는 남아 있는 아버지의 권위를 부재하게 만드는 것이다.

르게 생각하는 것을 돕는다. 거대한 생각 뒤에는 항상 파이프가 있다. 이 모두는 결코 단순한 일치가 아니다(SEP, 1929, Stuart Ewen, 1976: 154).

　　당신의 도움이 필요한 곳입니다. 남편이 완벽하게 믿을 수 있는 시계, 남편이 앞으로 나아가게 도움을 줄 수 있는 시계를 선물하세요. 그럼 모두 행복해질 겁니다(SEP, 1929, Stuart Ewen, 1976: 157).

자녀가 젊음을 만끽하기 위하여, 여성이자 어머니인, 아내가 사회적 참여를 위해, 혹은 가정의 안정유지를 위해 소비한다면, 남성이자 아버지인, 남편은 그 가정의 소비유지를 위해서 안정적인 직업을 유지해야 하는 것이다. 그리고 그렇게 구성된 가정의 일상생활 유지의 방법은 광고가 투사하는 역할에 기꺼이 의존하는 것이다. 결국 광고는 가정에 침투하여 자녀의, 여성의, 남성의 욕구를 새로운 경험세계와 연관시켜 지속적으로 자녀와 여성에겐 소비를 남성에겐 생산을 연결시키는 과정이라 보면 된다(Stuart Ewen, 1976: 157). 이를 가리켜 ‘가부장제의 종말’이라 지적하기도 하는데 기업에게는 그 종말이 반갑지 않을 수 가 없다.

‘가주장제의 종말’ 그리고 그 종말로 인한 빈자리에 기업관여는 미국사회에 잘 들어맞는다. 이 사회는 태생적으로 낭만적이고 반가부장제적 사회통합을 소비이데올로기로서 대체시켜 왔는데[45] 이론가들은 이른바 ‘핵가족’을 전망하면서, 사회적으로 필요한 인간관계와 산업사회에 적합한 사회관계를 만들어내기 위해 미국적 소비양식에 주옥하기도 하였는데 그 양식자체는 핵가족화의 전 세계적 정의가

---

45) 미국사회는 다민족국가의 불안정성을 소비이데올로기로 통합한 모범적 사례의 사회이기도 하다. 그래서 특정브랜드의 선호를 내세우게 되면 인종을 불문하고 통합을 이루려는 습성을 보인다. 우리 사회도 특정브랜드를 선호하는 사람들끼리는 암묵적 연대의식을 느끼기도 하는데 이는 미국사회의 소비로서 통합되는 것과 유사하다.

되어 버렸다. 이는 다시 말해 미국적 소비가 핵가족화로 인식하여 우위 모방된다는 것인데 이 어처구니없는 전 세계적인 문화전파는 광고를 통해 가능한 것이다.

결국 광고가 가공한 새로운 가족－모범적 가정형태－이란 옛 가족을 흉내 낸 것에 불과하다.[46] 엄마와 아빠, 아이들이 있지만 이들 간의 관계는 기업이 시, 공간을 지배하는 사회에서 외형만 남긴 상태이고 그 기업규정에 갇힌 가족일상은 화려하지만 무력할 수밖에 없다. 결국 광고가 이렇듯 사람들의 여가와 일상생활을 지도해 간다면 이는 기족통합이 아니라 가족간의 격리를 지도하는 새아버지기업[47] 등장을 의미하는 것이며(위의 글, 1076: 184) 그 아버지는 가족 간의 소통을 최대한 줄이고 지극히 '개인화'된 소비만을 즐겨라 훈육하는 이상한 가부장이 되는 것이다.

6. 정보사회학이론(The Sociology of Information)

'정보사회(information society)'란 후기산업사회를 지칭하는 새로운 개념으로서 사회학자 '다니엘 벨(Daniel Bell)'에 의한 현대사회다.[48]

---

46) 예전처럼 가족 간의 '정겨움'이 충만한 것으로 투사시키는 광고는 이러한 경험을 혹은 조성을 소비로 실천할 수 있게 하였다. 그런데 광고를 통해 설사 그렇게 경험, 혹은 조성되었다 하더라도 사실 거기에는 정겨움은 없다. 오히려 구성원 각자의 역할이 구분된 '소외'를 만끽하게 된다.

47) 광고에서 제시하는 가족의 새로운 일상은 가부장제의 불합리를 제거한 것이 아니라 광고가, 기업이 그 가부장을 대신하려는 것이다.

48) 1950년대 일찍이 벨은 '미래학'에 입각해 1980년경 컴퓨터와 통신기기의 발달이 고조되는 후기산업사회를 '정보사회'라는 개념을 사용하여 예견했다 (Frank Wabster(조동기 역), 2001: 63). 다시 말해 정보화사회는 자본의 후기산업사회에 급진적인 가정, 학교, 사무실 등에 컴퓨터의 보급과 마이크로 전자(electronic)기술이 모든 산업에 응용되는 뚜렷한 가시화가 감지되었고

그러나 독일의 ‘롤프 클뢰퍼’ 교수는 이 ‘정보사회’라는 개념보다는
‘통신사회’라는 표현을 선호하였는데, 그 이유는 통신이야말로 행동
이며, 사회적 접촉행위이며, 놀이 그 이상의 것이어서 그토록 기술화
된 정보사회를 설명하는 핵심이고, 인간의 모든 능력, 즉 감각적, 의
지적, 정서적, 인식적 능력과 그 밖에 얼마든지 첨가 가능한 능력들
이 통신으로 요구되기 때문에 더욱 그러하다(정어지루, 1998: 198).
결국 정보사회에서의 생활, 즉 ‘통신’한다는 것은 지각, 경험, 다양한
물리적 실천 또는, 체험을 위한 것이 대체된다는 것이고 지속적으로
그렇게 하기 위해서 대체물이 생산되어야 하는 것인데 자본주의 사
회에서 그 생산물이자 그 생산물의 소통명분이 바로 ‘광고’이고 그렇
기에 정보사회는 광고를 통해 설명가능한 것이다(정어지루, 1998: 199).
  결국 정보사회는 광고들로 구성된 광고환경사회다. 그래서 사람들
에게 그 소통적 실천[49]을 하게 하는 실체가 바로 광고인데 이를 긍
정적으로 받아들일 수 있는 커다란 이유는 바로 ‘쌍방적 소통’[50] 이

　　이러한 변화를 이해하고자 등장한 사회변동의 개념이다. 사고, 정보 지식혁
　신이 주가 되는 사회로서 과거에 많은 노동력으로 물질생산이 주를 이루는
　사회화는 다르다. 이를테면 디자인 개발, 기술 마케팅, 등의 판매, 서비스가
　주가 되는 사회를 의미한다. 그리고 본 정보사회학적 관점은 의미하여 정보
　사회학 관점에서 광고는 그 사회를 이끄는 것으로 보이지만 사실 이끌기
　보다는 정보사회에서 야기되는 모든 문제의 온상이다.

49) 정보사회의 소통실천은 ‘대중 커뮤니케이션’에 대한 일방적 수용이 아니라
　‘자발성’ 혹은 ‘능동성’의 확산이다. 이는 대중 스스로가 필요로 하는 광고
　에 적극적으로 접근한다는 능동성에서다(임동욱 외, 1999: 362). 그러나 이
　도 이미 생산자에 의해서 비객관적이고 화려하게 꾸며놓은 정보 즉, 광고를
　비교하는 ‘선별성’일 뿐 ‘능동성’까지 확장되지는 못한다. 광고는 태생적으
　로 진정한 정보라 할 수 없다. 그렇기에 수신자가 광고를 탄생한다 해도 이
　는 엄밀히 말해 정보채집이 아니라 노출에 불과하다.

50) 이는 ‘쌍방적 커뮤니케이션’의 특징을 갖는 광고의 제공이 가능하다는 것인
　데(임동욱 외, 1999, 362) 그 쌍방향은 수용자의 반응 혹은 평가를 반영할
　수 있다는 차원에서는 고무적이다. 그러나 확고하게 조성된 생산수용자 네
　트워크는 생산자만이 용이하게 수용자개인정보취득을 위한 것이지 더 큰 의
　미는 없다. 거래정보(transactional information)를 확보하기 위해 이른바 ‘CM

어서 광고라는 소비정보가 더 이상 생산자만 소유하는 것이 아니라 소비자도 속시원하게 요구할 수 있는 '정보적 가치'일 것이다(문영숙, 1995, 김인숙, 2001: 246). 그래서 그 정보적 가치는 생활에 대한 모든 활동의 통합실천을 가능하게 하는 용이하고 중요한 조건이기도 한데 특히 정보사회는 개발된 정보경로[51]를 통해 광고의 기본적 정보기능인[52], 촉진(promotion), 설득(persuasion), 보강(reinforcement), 기억

(Computer Mediated Communication)' 시스템은 향후 개성적인 생활방식을 추구됨에 따라 대중들이 민감한 기호를 재빨리 파악하는 것에 중요하게 떠오르지만 '인적정보'의 수집과 '인권침해'의 문제를 수반한다. 예를 들어 데이터베이스(database)를 통해 소비자의 개인정보를 이용하는 일명 '데이터베이스 마케팅(database-marketing)'이 어떻게 쓰이고 있는지 전혀 인식하지 못하게 하는 경우가 대부분이며, 자신의 고객카드-할인카드-를 작성하거나 신용카드를 쓸 때 그 정보가 기업으로 유출된다는 생각을 하지 못하는 것이 더 일반적이다(남수정, 김기옥, 1999: 55). 또한 특정 백화점 카드를 이용하는 경우에는 정보가 훨씬 더 풍부하게-기업들에게-되는데 그 이유는 그 소비자의 소비성향, 의류 및 식품에 대한 기호, 선호하는 구매위치 등에 대한 개별적인 정보를 만들어 주는데 광고는 특정한 유형의 소비자만 대상으로 함으로써 더욱 효과적 수단이 되는 것이다(Frank Webster(조동기 역), 1997: 127~128). 결국 정보화사회의 광고산업의 확장은 '전자감시'를 실천하는 선두자가 되는 것이고 불특정다수가 아닌 특정다수-멀티미디어(Multi-media), 뉴미디어(Newmedia)-에게도 선별적 광고노출이 가능하다는 것인데 (임동욱 외, 1999: 362) 이는 오히려 수용자의 소비행위를 본격적으로 '통제-시장전문화·세분화·계층화-하는 역할을 한다.

51) 시간과 공간의 제약을 받지 않는 수많은 광고매체가 존재함에 따라 매체확보에 부담이 적어져서 현재와는 다른 무수히 많은 광고생산자가 시장에 진입한다는 것이다.(임동욱 외, 1999: 362) 그러나 이는 지극히 생산자의 다양한 매체 개발차원에서 순기능이다. 오히려 수용자의 여유의 시·공간을 메워 오감(五感)을 자극할뿐 수용자의 주체적 과업에 대한 사고여백은 부재하게 만든다. 결국 수용자는 시간과 공간적 여유도 없이 온통 광고에 노출되어야 하는 부담감으로 다가온다. 그러나 때론 이것이 부담이 아닌 정보화사회의 어디서나 접할 수 있는 화려한 광고노출의 즐거움으로 볼 수도 있다.

52) 오히려 정보화사회가 거론되기 이전 대중매체에서의 소비자라는 지위는 오늘날 유배-소비재에 대한 수용뿐-와 같은 지위를 명확하게 규정하며, 소비의 일반화된 질서는 주거나 되돌려주거나 교환하는 행위가 더 이상 허용되지 않는 단지 도입하고 사용하는 행위만이 허용될 뿐이다(H. M. Enzensberger(이규현 역), 1993: 193).

(reminder)을 강화할 수 있다는 면에서 송신자구미에 잘 맞아 떨어진
다. 그러나 문제는 여기에서부터 인데 수신자가 원하지도 않는 언제
어디서나 송신자의 무분별한 정보방출은 정보사회의 크나 큰 문제로
떠오른다.

> 미국인들은 매일 평균 3천 건의 상업적 메시지를 피하는데 그것
> 들은 늘 원래 찾고 있는 정보보다 더 크게 소리 지르거나 더욱 매
> 혹적으로 속삭인다. 정치 성명, 연예 정보 등도 우리의 관심을 차지
> 하려고 우리가 직장에서 처리하는 주당 1백만 개의 단어와 더불어
> 경쟁을 벌인다. 필요한 정보를 얻는 일은 소방호스에서 물을 한 모
> 금 마시는 것과 같다. 정보의 홍수보다 훨씬 심란한 것은 그 질(質)
> 이다(John de Graaf, David Wann & Thomas Naylor, 2001, 박웅희
> 역, 2002: 272).

정보사회학 관점에서 광고의 중심적 지적은 바로 그 환경이 인간
혹은 시민이 원하지 않을 때도 광고를 무한히 공급한다는 것에 있다.
그럼에도 불구하고 광고로 무장한 정보사회의 가시화는 인간 소통차
원에서 근대사회로의 변혁에 견줄 만한 21세기의 큰 사회변혁, 즉 신
기원(新紀元)을 이룩하였다는 찬양만 반복하고 있다. 이는 그간 정보
화로 국민들의 지적 수준을 높여줄 것이라 관련하여 이른바 '정보도시
(情報都市)'화-뉴욕, 런던, 로스앤젤레스, 파리, 도쿄 등-의 등장을
예견하는 것이기도 한데 이 도시화야 말로 불필요하지만 지배적으로
유통되는 광고의 문제점이 가려져 있는 반쪽의 정보도시화다.[53]
  그 반쪽의 정보도시를 가리켜 '부두도시(voodoo city)'[54]라 하는데

---

53) 정보화사회에서 광고의 '역기능'은 과거 광고의 주된 매체-TV, 라디오, 신
  문, 잡지-에서 뉴미디어, 인터넷 등에 이르기 까지 확장되어 있다. 예를 들
  어 '세분화된 수용자층에 파고들었다'는 '탈대중성'은 소비자의 의식을 조정
  하기에 더욱 용이해져 오히려 기업에 의한 소비자 유인·통제·관리가 시
  스템화 되는 것이다.

여기에는 광고라는 정보환경의 거대한 역기능을 암시하고 있다. 이는 이미 발랄하고 화려하지만 불필요하며 대량화된 광고처럼[55] '소비지상주의 사회(Consume Syndrome Society)'진입만을 강조하는 셈이다. 예를 들어 상품정보물이 대량 출현함으로써 필요한 정보를 적절히 선택하는 데 대한 어려움이 가중된다든지, 상품정보로 세분화된 개개인의 개별적인 문화체계가 형성되면서 사회의 문화적 공통의식이 희박해진다든지 하는 새로운 도시 내 구성원들의 소통문제가 제기되는 것이다(윤숙현, 2000: 487). 결국 정보사회는 그 대량소비만을 위해 조성되는 광고환경의 사회로 보는 것이다.

사실 소비적 메시지, 즉 광고의 천성이란 이른바 '정보혁명'이라 일컬어지는 '정보사회'에서도 사람들의 일상생활 속으로 더 깊숙이 파고드는 '소비자본주의(consume capitalism)'를 더 강화시킨다. 그리고 이는 무엇보다도 자본주의의 모순을 더욱 확장시킨다. 그러나 일각에선 오히려 소비자본주의는 개인주의적-공동체주의에 반대되는-생활양식, 즉 자신이 원하는 것에 대하여 개별적으로 대가를 지불함으로써 사람들이 생활을 구매하는 방식으로 받아들여져(Lynd & Hason, 1933, Frank Webster(조동기 역), 2001: 162) 오히려 진정한 민주커뮤니케이션환경이라 평가하기도 한다. 그러나 그것은 오히려 민주적 커뮤니케이션을 손상시키는 가구 중심적 생활양식을 수반하는데 여기서 사람들은 철저히 격리되어 대부분 수동적이며, '쾌락주의('快樂主義')'와 외모만을 성찰하는 '자기몰두(自己沒頭)'의 대상으로 조정된다. 결국 소비자본주의를 돕는 정보사회는 매우 사적인 생활

---

54) 흑인들 사이에서 행해지는 일종의 마술적 신앙이 만연한 사회의 도시를 말하며, 정보사회의 정보시스템이 진보된 도시를 비유하자면 이미지는 거창한 '정보도시'이지만 사실 '부두도시'의 속성을 갖는다는 것이다. 이는 이미 1988년 사회학자 '데이비드 하비(David Harvey)'의 논문에서 자본주의 제 구조화를 '부두도시' 초래화로 설명한 개념이기도 하다.

55) 모든 대상의 이미지지화이며, 광고는 그 선두에 있다.

양식으로서 이웃과의 연대, 책임감, 그리고 사회적 관심 등과 같이 공적인 미덕의 민주적 커뮤니케이션이 사라지고 감각적으로 느낄 수 있는 개인적인 욕구가 소비로써 점차 대체되어 자아실현에 대한 환상을 불러일으키는 '의사민주커뮤니케이션'이 되어 간다(Lasch, 1985. Frank Webster(조동기 역), 2001: 16). 그래서 무엇보다 답답한 것은 사람들로 하여금 이 시스템화의 문제틈새를 의도적으로 보여주지 않거나 틈새가 있다 하더라도 이미 소비정보인, 광고로 메워버리고 만다는 것이다.

광고가 개입된 정보사회에서 가장 대표적인 미시적 역기능은 인간 행위가 첨단정보시스템을 통해 '부두행위(voodoo action)'로 유도된다는 것이다. 이를테면 광범위하게 확장된 정보경로는 광고라는 메시지의 범람으로 늘 모든 인간 경제행위의 자유를 저해하고, 소비자의 새로운 구매행위 모색을 차단하여 오히려 생산자 혹은 판매자에 의해 일방적으로 기획된 최첨단의 마케팅으로 기획된다는 것이다. 그리고 무엇보다도 재미있는 것은 비객관적 이미지형의 정보들로 하여금 소비자가 주체가 되어, 소비자가 주도하는 시장처럼 보이지만 이미 시장은 마케터가 주도하는 불합리한 '부두 소비시스템'이 구축된 곳이다. 예를 들어 극도의 객관성 이미지만을 자랑하는 '수학적 기호'를 남용한 광고정보, 대중에게 호감을 주는 유명인 혹은 명망자들의 타의적이고 수동적인 증언, 제품의 본질과는 괴리되어 드라마틱한 자극, 소설을 방불케 하는 극도의 감성호소 이미지, 유명기관검증결과의 편향증폭, 등의 비객관적 부두이미지들[56]이 새로 깔려진 정보경로, 즉 정보고속도로에 대부분을 차지하여 유통된다.

광고가 대부분을 차지하는 평가로 정보사회는 앞선 문화사회학 관점에서 소비로 체험할 수 있는 문화, 즉 광고가 무한히 유포될 수 있

---

56) 앞선 종교사회학적 차원에서 광고환경의 비판과 다소 유사하다.

는 경로가 개발된 사회라 볼 수 있다. 사실 초기 광고가 대부분을 차지하는 평가의 정보사회는 텔레비전을 통한 것으로서 '거브너(Gerbner)'에 의해 '문화적 무기(*Cultural weapon*)'라(오택섭 외, 2003: 189) 지적되었다. 그리고 이러한 무기는 정복사회에서 다양하게 확보된 정보체계, 영상기술, 유선, 및 위성채널, 텔레텍스트 같은 '컴퓨터화(computerization)'된 정보서비스의 통합발전, 거대한 소비무기가 된 셈이다(위의 글, 2001: 49). 결국 이 모두는 우리가 광고매체로 가득 찬 사회에 살고 있다는 것을 말해 주며, 우리 사회의 전반에 광고정보들이 더 이상 텔레비전, 라디오, 그리고 공식적 미디어에서 간단하게 제시되는 것이 아니라 보다 더 용이하게 종합적인 정보시스템을 통해 제공된다는 의미다(위의 글, 2001: 49). 그래서 그 제공은 '제공'이 아니라 '침투'의 의미로 바뀌는데 광고물이 문화체험의 방법론으로 포장되고 유통되어 더 이상 정보서비스의 의미로서 그 제공이 아니라 명백한 '정보오염(汚染)'57) 혹은 '소비정보의 침투'인 것이다.58)

사실 정보사회59)의 추진력은 국가가 대중의 정보습득 혹은 유포가

---

57) '정보오염'이란 본 교재의 독자적 개념화다. 정보사회에서 유통되는 정보모두의 궁극적 목적은 구매유도이고 그래서 비 객관적 정보다. 예를 들어 '동물애호'를 위한 매체 내의 프로그램 개발도 그 순수한 의미 그대로 '동물애호'를 위한 목적보다는 애완동물 광고주를 위한 것이고 이러한 오염된 정보는 정보가 아니라 광고가 되는 것이다. 광고에서는 이러한 광고기법을 '간접광고'라 하여 정보사회에 적극 활용되고 있다.

58) 예를 들어 신문기사나 텔레비전 대본 등과 같은 메시지의 배후는 다름 아닌 전형적으로 소유양식, 광고수입의 원천, 청중의 지출능력과 같은 경제적인 특성들뿐이다(Frank Webster(조동기 역), 2001: 131). 이는 다시 말해 프로그램 성공의 척도는 프로그램 내용에 있는 것이 아니라 광고주들에게 판매될 수 있다는 시청자 즉, 청중의 수에 달려 있다는 것이다(Lynd & Hason, 1933, Frank Webster(조동기 역), 2001: 162).

59) 기든스(Anthony Giddens)는 일찍이 민족국가형성 시 국민정보수집이 필수였기에 그때부터 정보사회시작이라 했다. 그래서 그는 요즘 들어 호들갑떨면서 정보사회대두에 크나큰 준비를 해야 하는 강박관념에 별로 동의하지 않는다(Giddens, 1985: 178).

용이하게 지속적으로 개발하기 위함이었다. 그리고 그러한 개발엔 부수적으로 상업성 즉, 광고라는 정보가 투입되어온 것인데 현재의 '정보사회'는 지속적으로 개발되는 수많은 그 순수한 의도는 사라지고 어김없이 광고유통이 선두다. '쉴러(Herbert Schiller)'는 이를 가리켜 '정보의 상업화'라 하였다(Schiller, 1987: 25). 이 '정보의 상업화'[60]는 철저하게 기획되고 연출된 시스템인데 모든 문화의 정보경로가 상업화의 소비문화로 대체됨으로써 소비자로서의 개인은 사적(私的) 영역의 자유와 독자적인 구매의 여지를 마침내 찾아낸 것이 아닌, 적극적이고 집단적인 행동으로 유도되기 위하여, 강제로서의 체계가 '집단통합' 및 '사회통제(social control)'의 기능으로 대체되는 것이다(Jean Baudrillard(이상율 역), 1997: 106).그래서 인간은 오히려 과거에는 별개였던 이 모든 것들이 오늘날에는 동일한 양식에 따라서 생산되는 동일한 방식으로 소비될 수밖에 없는 '조합적(組合的) 인격'의 소유지가 되며 이들이 행하는 문화는 '조합적 문화'로서 반영되는 것이다(위의 글, 1997: 119).

정보사회에서의 '정보의 상업화'는 개발된 전자매체에서뿐만이 아니라 어디서든 그 '정보의 상업화'가 이루어진다. 즉 광고메시지라는 소비정보가 주요한 대중매체에서뿐만 아니라 우리생활의 어디에서도 사소한 부분들에서까지 무분별하게 소비로써 통합되는데, 비교적 공공성의 성역이라 할 수 있는 교육현장, 언론현장, 뉴스기사에서 그 예를 찾아볼 수 있고 그 양적인 면에서 가히 '정보폭발'이 아닐 수가 없다. 그에 대한 구체적 사례의 첫 번째가 바로 '교육현장'에서다. 교육현장에서 '정보의 상업화'는 '공공영역'의 '공간적(空間的) 식민화'에 그치는 것이 아닌, 기업이 요구하는 충성스런 소비자로 길러져 이른바 '역사적(歷史的) 식민화'로 이끄는 것이다(Schiller, 2001: 93).

---

60) 혹자는 소비자가 민주적이고 자유로운 구매를 위하여 정보습득이 용이해지는 변화로 간주한다.

그런 의미에서 다음은 그 영향력을 관통하고 있다.

> 학교 체육관, 복도, 통학버스, 교지에 광고의 공간을 만들고 이를 판다. 한 초등학교의 학생들이 타고 다니는 밝은 노란색 학교버스에는 빙 둘러 '세븐업'을 광고하는 붉은 점들이 그려져 있고, 다른 학군의 버스에는 학생들의 도움으로 '버거킹' 광고가 그려졌다(Schiller, 2001: 73).

> 1988년 미국 조지아주 그린브라이어 고등학교의 한 학생이 정학을 당했다. 이유는 학교 '코카콜라'날(Coke day in the schools)에 '펩시콜라' 티셔츠를 입었다는 것이다. 학교 당국은 이날 학생 600명에게 코카콜라 티셔츠를 입고 학교잔디밭 위에 모여 '코카콜라'라는 낱말을 만들라는 지시를 내렸다. 지사에서 500달러를 받을 수 있는 기회를 부여하고자 학교를 방문하는 코카콜라 임원의 마음을 사려는 행사였다(John de Graaf, David Wann, Thomas Naylor, 2001, 박웅희 역, 2002: 108).

두 번째 '정보의 상업화'는 '언론현장'에서의 상업화다. 이는 정보통신기술을 소유해야 할 '공중(公衆)'이 오히려 물신화된 정보와 정보기술에 의해 경제적, 이데올로기적으로 압박을 받고 있다는 것인데(김승수, 1988: 194), 이를테면 '뉴스(News)'라는 우연한 사건이 의도적으로 소비 진작을 위해 조작됨을 지적한다. 오늘날의 '뉴스'라고 일컬어지는 정보엔 대기업이 적극 침투하여 기존의 뉴스나 정보의 개념을 크게 변화시키고 있다. 그래서 뉴스란 정치적 여건이 아니라 금융이나, 경제, 기술에 관련된 것이 최상의 상품으로 포장되고(위의 글, 1988: 213), 특정기업의 높은 수익을 위해 존재하여 광고의 변형된 형태라 해도 과언이 아니다. 사실 그런 이유라면 뉴스자체는 시민정보의 장은 지속적으로 축소되는 장소이고 반면에 기업실적의 과시·생색정보만이 무한대로 확장되는 광고시간으로 봐야 오히려 옳다

(위의 글, 1988: 214). 결국 모든 기업은 그 공급을 위하여 후원, 상표설계, 기업이미지, 홍보, 광고기사, PR, 정치적 이해 구슬리기, 더 나아가서 교육프로그램의 관여 등과 같이 다양한 정보활동에 참여하는 것이다(Frank Webster, 2001: 212).

> 최근 어느 맥주회사가 한 스포츠신문에 32개 광고 면 중 20개 면에 똑같은 광고를 실었다고 해서 그게 뉴스가 되었다. 거의 모든 신문들이 그 사실을 기사로 다루었다(강준만, 1994: 218).

세 번째 '정보의 상업화'는 이른바 뉴스기사로서 '의사사건(pseudo-event)'[61]의 범람이다. 엄청난 양의 정보를 늘 전달하는 매체, 즉 인쇄술에서 컬러TV에 이르기까지 모든 커뮤니케이션 테크놀로지의 발전은 '그래픽혁명'을 이루어 놓았지만 문제는 그 혁명은 무엇이든 소비상품으로 만든다는 것이다. 그래서 '정보의 상업화'로서 뉴스거리는 우연하게 발견되는 것이 아니라 철저하게 조작된 '의사사건'으로 제작된다는 것이고 상품화 과정의 일부인 셈이다(Danial J. Boorstin, 1985, 강준만, 2002: 225). 결국 정보사회의 뉴스기사가 풍성한 환경이란 지극히 자연스럽게 형성된 것이 아니라 오로지 소비를 위한 의도적 환경, 즉 '의사사건'이 난무하는 '의사환경(pseudo-environment)'[62]인 것이다.[63]

---

61) 의사사건이란 개념을 제시한 '다니엘 부어스틴(Danial J. Boorstin)'의 저서 「이미지」는 1964년 페이퍼백으로 재출간되면서 그 부제가 '아메리카 드림에 무슨 일이 일어났는가'에서 '미국사회의 의사사건에 관한 지침'으로 바뀌었다.

62) 이제 여러 장치를 이용해 프로그램을 광고방송 없이 가족 친구들과 돌려보게 된다. 특히 디지털 비디오 리코더는 좋아하는 프로그램을 녹화해 원할 때 보고 광고방송을 건너뛰게 해준다(뉴스위크 한국판, 2005: 36). 즉 모든 광고환경은 시민이, 소비자가 광고라고 감지할 수 없는 프로그램 내부로 들어가 무의식적 소비자극을 하게되는데 그것이 바로 의사사건의 범람이다.

63) '의사사건'과 같은 속성의 광고환경이라 할 수 있는 '간접광고'는 특정상품이나 기업, 영업장소 또는 공연 등에 관한 사항을 구체적으로 소개하거나

한 호텔 경영자가 어느 PR전문가를 찾아갔다, 호텔이 오래돼 장사가 잘 안되는데 어떻게 하면 좋겠느냐는 상담을 하기 위해서였다. PR전문가는 호텔개관 30주년 행사를 거창하게 벌이라고 조언을 해 준다. 그 조언에 따라 각계의 지역 유지들을 참여시킨 축하위원회가 구성된다. 축하행사장엔 기자들이 초빙되고 여기저기서 카메라 플래시가 번쩍인다. 유명인사들이 참가한다는 이유 하나만으로 그 축하행사는 뉴스가 되고 새삼스럽게 그 호텔이 지역사회에 기여한 공로로 예찬된다(Danial J. Boorstin, 1985, 강준만, 2002: 226).

결국 정보 아닌 정보인, 의사사건은 급히 정보사회에 걸맞게 보다 빠르게 공중들에게 유통되며, 그에 대하여 시민인, 공중은 항상 소비라는 응답 없는 발언만을 하는 '사회통제'적 상황에 놓이게 되는데 더 이상 시민은 시민이 아니라 소비만 일삼는 소비자로 남는 것이다. 그래서 소비자는 소비라는 '질서'를 지키려고 애를 쓰거나 때론 집단적 강박관념을 보이기도 하는데 이는 다른 말로 '안정'이라 하여 소비자 개인심리적으로나, 사회심리적으로나 평안을 찾게 된다. 그러나 이는 엄연한 역기능적 '사회통제'이며 그 통제가 소비이데올로기로 변환된 인간 기계론적 통합 환경인, 사회적 홍보 마케팅시스템인 것이다.

지금까지의 정보사회학 관점에서 광고환경 비판을 강력하게 지지하는 접근은 바로 제2세대 프랑크푸르트학파인 '하버마스(Jurgen Habermas)'의 '공공영역(public sphere)의 쇠퇴'다. 그가 주장하는 공공영역의 쇠퇴는 이른바 '생활세계의 식민지화(The Structural Transformation of the Public Sphere)'로 재개념화되는데, 비록 '하버마스'가 정보사회에까지 그 개념화를 대입하지는 않았지만 오히려 정보사회에서의 식민화는

부각시켜 광고효과를 주는 경우다(김기태, 2001: 5). '의사사건'은 대중매체 프로그램 중, '뉴스'에만 해당하지만 '간접광고'는 그 프로그램 분야에 한정되어 있지 않다 모든 프로그램에 '간접광고'가 가능하며 심지어는 대중매체 외의 분야에도 활용되는 광고환경 중의 하나다.

그 어느 때보다 더 농후하게 감지된다고 볼 수 있어 다음과 같이 지적된다.

> 공공영역은 정부의 강권적 통치에 독립적으로, 또한 상업적 경제세력으로부터 자율성을 인정받는 공론의 장으로서 합리적 논제 설정과 논쟁―이해관계와 상관없이 '기획' 또는 '조작'되지 않는 토론―에 시민들이 자주적이고 자유롭게 참여할 수 있으며, 동시에 그들에 의해 검열을 수행하는 영역이다. 여론이 형성되는 것은 이런 공공영역에서이지만 그러한 영역은 오히려 쇠퇴의 길로 접어드는데 이른바 문화산업이라 일컬어지는 영화, TV, 대중음악, 라디오, 신문, 과 잡지 등의 대중매체 대중오락의 보급은 상업적 이해관계를 공공의 이해관계보다 더 우선하게 하여 공공여론의 개방적이고 합리적인 토론을 통해서가 아니라 광고환경에서처럼 조작과 통제를 통해서 형성된다는 것이다(A. Giddens(김미숙 외 역), 2001: 414).

앞선 지적에서와 같이 TV를 필두로 현대사회는 '문화산업'이라 일컬어지는 산업의 근저에는 상업적 이해관계 즉, '광고산업'의 지속적 확장으로 공공영역의 쇠퇴가 지속적이며, 정보사회에서 광고라고 하는 소비정보의 범람은 그 쇠퇴를 더욱더 가속화시키고 있다. 그래서 이러한 상황에 놓인 현 사회를 공공의 '에토스(ethos)'가 확산된 초기 시민사회, 즉 사회구성원들 모두가 비판적 사고능력이 고양되어 '시민의식'이 유감없이 발휘되는 시민사회라 볼 수 없다는 것이다. 결국 그 시민의식을 발휘해야 하는 공공영역에 대한 최근 상태는 엄청나게 확장된 미디어경로의 개척, 초국가적 미디어 복합체라는 광고산업의 달성, 다양한 광고문화―문화산업이라 하고 소비문화로 귀결되는―의 확산 등으로 지속적인 소비훈련만 이루어져 시민교육을 포기하거나 망각한 채 화려한 허세만 난무하는 소비자사회인 것이다.

이와 같은 해석이라면 '하버마스'가 바라보는 '생활세계의 식민지화'로서 현대사회는 오히려 의미상실, 부실한 사회통합, 동기 상실 등의 사회 병리적 현상으로까지 취급될 수 있는 것이다(장춘익 외, 2001: 271). 그리고 이를 정보사회로 대입한다면 정보체계의 편리함보다 흐르는 정보내용의 불필요함, 그럼에도 불구하고 이를 따르는 비주체적 사람들을 양산하는 사회다. 결국 기업이 시민들의 심리를 대량지배하기에 용이한 최첨단의 사회라 말할 수 있는데(윤숙현, 2000: 481) 일찍이 이러한 기형의 활용을 가리켜 그야말로 '생활세계의 식민지화'라 했던 것이다.

결국 '정보사회'에서 '생산자'는 다양하게 확장된 매체를 통하여 광고라는 정보를 수용자에게 전달할 기회가 많아졌다. 수용자도 마찬가지로 다양하게 확장된 매체를 통해 광고라는 소비정보에 노출될 기회가 많아졌다. 혹자는 이래서 정보사회를 본격적으로 적자에게 판매행위 주체적인 구매행위를 할 수 있는 것이라 하여 찬양하기도 한다. 그러나 애초에 정보사회는 그러한 광고(산업)를 위한 사회는 아니었다. 더욱이 광고는 구매가 필요할 때만 정보이지 언제나 보편적 '정보'라고 말할 수도 없다. 그럼에도 불구하고 광고는 정보사회에 시공간에서 주도적인 역할을 하고 있다. 분명 이는 '계몽(啓蒙)'을 위함이 아니라 '문명편견(文明偏見)'[64]을 위한 과잉커뮤니케이션 사회다. 결국 실질적 정보사회란 과잉된 소통으로 인하여 불필요한 광고소통비만의 병을 앓고 있는 사회로 봐야 할 것이다(Daniel J. Boorstin, 1975, 강준만, 2002: 232).

---

64) 그러나 공중은 이것이 보편타당한 정보사회라 여긴다.

7. 비판사회학이론(The Sociology of Critics)

　'프로테스탄트(protestant)'의 금욕적 축적윤리에 충만한 사람은 광고에 의해 흔들리지 않는다. 그래서 광고란 이들에게 소비를 촉진시키지는 못한다(Peter Corrigan(이성용 외 역), 2002: 118). 그러나 광고의 성장환경이 된 자본주의는 그 프로테스탄트윤리를 근간으로 출발하였다. 그럼에도 불구하고 자본주의가 거대한 대량소비를 야기시킬 수 있었던 것은 또 다른 윤리개입에서인데 바로 '낭만주의(romanticism)'라는[65] 윤리다. 이 윤리는 사람들의 마음속에 수전노 같은 금욕주의인, 프르테스탄트윤리를 제거해 오면서 대량소비와 과시소비까지 가능하게 했다. 결국 자본주의 사회에서 '생산'을 위해선 프로테스탄트 윤리가 필요하다면 '소비'를 위해선 낭만주의 윤리와 연결되어야 하는 것이다(위의 글, 2002: 19).

　늘 낭만주의의 윤리를 담는 광고는 '물신주의' 발휘를 가능하게 하는 도구이다. 그리고 그 도구를 사용함에 있어서 광고의 주목표는 바로 효율적인 소비자를 창조해 내는 것인데(위의 글, 2002: 119) 그 효율성이란 인간 개개인의 효율적 소비가 아니라 생산자 입장에서 소비를 유도하기에 효율적이라는 것이다. 그리고 이는 현대광고의 특징에서 찾을 수 있는데 개인과 사회가 만나는 '지점'에 광고가 매개하여 개인들보다 성공적 사회적 존재로 만드는 방법을 제시한다는 것이다(Peter Corrigan(이성용 외 역), 2002: 120). 사실 그 개인과 사회가 만나는 지점에는 공중의 의미로서 '시민'이 있어야 하지만 광고

---

65) 낭만주의는 애초에 산업사회와 그것을 대변한 모든 것, 물질주의와 합리주의 철학, 계몽주의 시대에 매우 중요시 여겨졌던 이성과 과학에 대한 반발로 시작되었다. 그래서 낭만주의는 아는 것보다는 느끼는 것을, 지적인 것보다는 상상을 외부보다는 내적 세계를 선호했다(Peter Corrigan(이성용 외 역), 2002: 19). 그리고 기업은 사회적으로 온당해야 할 그 낭만주의 윤리를 광고에 적용시켰다.

가 그 자리를 지속적으로 관여[66]해 왔다. 시민들 간의 관계는 '협조'와 '협동'이 아니라 '과시'하고 '경계'해야 하는 낭만주의관계로 전락하였으며 오히려 전자의 관계발휘는 진부한 것으로 쇠퇴해 버렸다. 결국 이러한 쇠퇴는 '낭만주의'윤리를 그 관계 지점에 편입시키는 그 자체의 산업화, 즉 '문화산업(culture industry)'[67]론으로 구체화된다.

'비판사회학이론'을 근거로 했을 때 '광고사회학'의 이론의 시작은 바로 '프랑크푸르트학파(frankfurt school)'에서 발생하는데 '프랑크푸르트학파'는 '낭만주의'윤리를 산업화에 편입시킨 광고환경을 급진적으로 비판했다. 이는 다시 말해 '관계지점'을 문화로써 가공함을 파악하고 그 가공의 궁극적 목적을 거대기업 독점화에 조명시키고 있다. 이들의 비판중심은 산업사회에서 노출되는 '국가독점자본주의(state monopoly capitalism)'[68]의 문화적, 정치적 불합리의 모순－'문화산업'

---

66) 예를 들어 광고는 지속적으로 두려워하는 사회적 행위자를 창조하게끔 한다. 그리고 이 사회적 행위자는 두려움을 극복하기 위해 특정한 목적을 위해 특별히 고안된 상품에 계속적으로 의지해야만 한다(Peter Corrigan(이성용 외 역), 2002: 121). 이는 다시 말해 개인과 사회가 만나는 지점의 사회적 문제에 대한 두려움, 개선, 사회비판의식 등의 '시민의식'이 아니라 자신의 사회적 명성, 외모 등등의 걱정거리－사회적으로 적합한 자신의 외모－의 해결정답을 광고에서 제시해 주는 것이다.

67) 문화산업은 독일의 네오 맑스주의 연구단체 프랑크푸르트학파가 고안한 비판적 용어다. 그들은 문화산업의 각종 오락, 정보산업들과 같이 규격화되고 조작된 문화상품들을 생산함으로써 노동계급의 삶을 저급화하고 체제비판적 의식을 약화시킨다고 주장하였다. 문화산업이 문화를 대중화함으로써 문화의 민주화를 낳는다는 점보다는 노동자들이 문화산업을 통한 욕구충족에 몰두하도록 함으로써 '1차원적 사고'에 매몰되어 비판적 의식이 약화된다는 점에 주목했던 것이다(한국산업사회학과, 2004: 137).

68) 독점자본주의란 하나의 자본가가 또는 소수의 가본가들이 어떤 주어진 경제부문을 통제하는 것을 의미한다. 확실히 경쟁적 자본주의에서보다는 독점자본주의에서 훨씬 덜 경쟁적이다. 경쟁적 자본주의하에서 여러 조직들은 '가격'이라는 기초 위에서 경쟁한다. 즉, 자본가들은 더 낮은 가격을 제시함으로써 더 많은 상품들을 판매하려고 한다. 그러나 독점적 자본주의에서의 기업들은 더 이상 이런 식으로 경쟁해서는 안 된다. 왜냐하면 하나의 기업,

의 확산-을 지적하는 것인데 현대에 들어서 이들을 '네오맑스주의자(Neo-Marxist)'로 칭하기도 한다. 가장 최근에는 합리성의 상징인 '과학기술'이 '신이데올로기'로 부각된 '고도산업사회(高度産業社會)'를 비판하려는 '하버마스', '슈미트(Carl Schmitt)' 등이 '프랑크푸르트학파'의 주도이론가로 취급되어 있으며(Nicholas Abercrombie, Stephen Hill & Bryan S. Turner, 2000: 142). 이들의 광범위한 사회비판은 광고와 무관하지 않다. 결국 '프랑크푸르트학파'의 비판이론은 넓은 의미에서 '맑스주의 문화론'[69]에 속해 있다. 그리고 바로 앞선 정보사회학적 관점에서 소개한 '하버마스'의 이론이 가장 최근 문화론·광고환경 비판 틀이기도 하여 광고사회학에 대한 대부분의 비판을 아우르고 있기도 하다.[70]

광고환경 비판에서 초기 프랑크푸르트학파가 주목했던 것은 시장기능 침투에 의한 '사물화(reification)' 현상[71]에서부터다. 인간의 자율성, 자발성, 비판의식 같은 '공중(시민)'의 속성이 무시되는 그러한 현상이 사회의 모든 영역에서 나타나는 것에 대하여 통렬히 비판하였는데(김창남, 2003: 73), 이는 현대의 독점자본주의체제가 재생산되는 것이고 사물화된 사람들은 깊은 무력감과 소외를 겪게 됨을 의

또는 소수의 기업들이 시장을 통제하기 때문이다. 즉, 경쟁은 세일즈 영역으로 이동하는 것인데, 광고, 포장, 그리고 잠재적 소비자들을 끌기 위한 다른 여러 방법들이 중요한 경쟁영역이 된다(George Ritzer(최재현 역), 2000: 257).

69) 대중문화의 의미는 단지 그것을 생산한 경제구조에 의해 이미 결정되어 있다고 본다(김창남, 2003: 71). 그리고 그 경제구조가 바로 상부를 결정하는 하부구조인 것이다.

70) 이러한 배경하에 1970년대 종반 이래 비판이론의 생동성은 광고환경에까지 확산되어 큰 적용대상이 된다.

71) 하나의 상품이 생산되어 가격이 매겨지고 시장에서 소비될 때 그 상품의 가치는 그것의 생산에 투여된 인간의 노동과 피와 땀의 가치가 아니라 일정한 화폐의 양으로 측정되는 교환가치로 표현된다(김창남, 2003: 73). 그리고 그 가치 의미 변화의 문제는 비등가적인 대상 모두를 등가할 수 있는 대상으로 변화시켜 인간의 능력 모두를 대체될 수 있는 도구에 지나지 않는 것으로 만들어 버리는 것이다.

미한다. 그러나 그 소외는 '대중문화'가 제공하는 환상적 현실 속으로 도피함으로써 그러한 모순을 깨닫지 못하는 것인데(위의 글, 2003: 74), 광고가 환성적으로 낭만주의를 제시하는 이유가 바로 거기에 있다. 결국 광고비판이란 합리성을 근간으로 보다 효율적인 기업유지를 위해 의도적으로 조성되는 소비환경을 비판하는 것이고, '국가독점자본주의' 유지의 도구로서 문화를 산업화시켜 이를 유료화 하는 광고의 무분별한 소비시스템에 문제를 제기하는 것이다.

그와 관련하여 '호르크하이머(Max Horkheimer)'는 문화라는 것-이데올로기도 마찬가지로-이 정당한 인간의 동경을 거짓된 형식으로 표출시키는 것이 아닌지 비판하였다. 이는 '맑스'의 '종교비판'에서 모범적으로 전개된 기존개념이기도 한데, 그의 문화비판은 시민사회 현실 속에서 개인의 행동을 결정하는 '이기주의(egoism)'적인 가치들과, 사랑과 공동성을 지향하는 시민계급의 인간관 사이의 모순을 확인하는 것에서부터 출발한다. 즉 이상주의적인 도덕의 필연성을 구명(究明)하려는 것을 의미한다. 이를테면 광범한 사람들 모두가 늘 이기주의적 관심사-과시소비-만을 쫓는 다면 시민 사회적 질서는 유지될 수 없으며(Ulrich Gmunder, 1985, 손동현, 1998: 51) 더욱이 늘 소비로서 강조되는 개인주의, 자기과시의 이기주의-광고의 '미사여구(美辭麗句)'의 소비유혹-에 빠져있는 상태는 사회현실에 둔감한 낭만적 소설 속에 주인공만 양산하는 것이다.

사실 소비적 환경으로서 광고환경의 본격적 비판은 낭만주의 발현인, 예술과 대중문화 비판에서다. 이는 '도구적 합리성'[72)의 비판 아

---

72) '도구적 합리성(道具的 合理性)'이라는 것은 주어진 특정의 목표를 달성하기 위해 가장 유효한 수단을 모색한다는 것으로 너무도 당연한 것이다. 이러한 견해는 기술관료적 발상-도구적 이성의 한가지-에 잘 반영되어 있기도 한데 사실 이 기술 관료적 발상의 목표는 사람들을 지배로부터 해방하는 데 있는 것이 아니고 지배하는 힘에 봉사하는 데 있는 것이다. 그래서 권력을 장악한 사람들이 중요하다고 규정한 어떤 목표를 달성하는 데 가장 '효율적인 수단'의 관료적 사고다(George Ritzer(최재현 역), 2000: 220).

래 참된 개인형성을 방해해 예술과 대중문화가 소비로 사회화 된다 볼 수 있는데 이를테면 가족구성원들은 광고가 제시하는 소비방식으로 해체되어 야구장이나 영화 또는 베스트셀러나 라디오 등과 같이 늘 소비로 형성되는 사회화 기구들에 자신의 삶을 내 맡겨, 자신의 내적인 삶이 상실되어 가는 것이다. 그리고 그와 더불어 소비로서 예술수용은 상상적으로 또 다른 세계를 이해하는 능력상실의 비중이 커지는 것이다(위의 글, 1998: 62). 결국 비판이론에 의한 현대인의 생활을 얼핏 보면 합리적인 것 같지만 비합리적인 것으로 가득 차 있다. 이는 다시 말해 '합리성(合理性)'의 '비합리성(非合理性)', 또는 구체적으로 말해 '목적합리성(目的合理性)'의 '비합리성(非合理性)'이 바로 그것이다.

'마르쿠제(Herbert Marcuse)'는 이 사회가 그 합리성을 구현하는 것 같으면서도 사실은 전체로서 비합리적인 것이라(Herbert Marcuse, 1964, Farganis, 1975, George Ritzer(최재현 역), 2000: 220) 하여 호르크하이머의 의견에 동조하였다. 그는 합리적 이성의 세계가 개인을 파괴하고 개인들의 욕구와 능력을 파탄에 이르게 만드는 것이라 지적하였는데 이는 분명 비합리적인 것으로서 '몰개성(沒個性)'적 '몰주체(沒主體)'적 의식―이성의 퇴조―을 우려하는 것이기도 하다(George Ritzer(최재현 역), 2000: 220). 거기에다 광고는 그 비판의 주 대상이기도 한데 '마르쿠제'의 주장에 따르면 "현대사회의 사람들은 늘 상품에 코팅된 낭만주의에서 자신을 확인한다" 하였다. 그들은 자동차에서 하이파이 전축에서, 주방용품에서 자신의 영혼을 발견한다고 했다(강준만, 2002: 218). 이러한 전념이 불가피한 것이라 하더라도 이는 결코 이성과는 거리가 멀다. 이른바 원시사회에 만연했던 '일차원적인 사고'가 도래하는 것인데, 그 속에서 개인은 사회에 대하여 비판적으로 그리고 부정적으로 사고할 능력을 상실하고 소비라는 유희로써 자신의 긍정적 사고를 지향해 나간다(George Ritzer(최재현 역),

2000: 221). 결국 합리적 시민들의 '위대한 거부(great refusal)'는 점차 상실되는 것이다(김창남, 2003: 75).

사실 현대사회의 개개인들은 그 '위대한 거부'의 능력이 애초에 차단되어 있다. 왜냐하면 거부할 내용도 파악하지 못하고 있으며 모두 '소비'로써 해결하기 때문인데, 개인의 개성에서부터 공동체의 결속 모두를 소비가 대신하여 그 배후에는 광고가 문화체험으로서 은폐되어 있다. 다시 말해 광고를 통하는 문화체험이란 어느 광고를 보았기 때문에 세뇌되어 어떤 상품을 사는 것이 아니라, 예전에 철학, 도덕, 종교, 미학 등의 모든 자리를 광고가 대신하는(박정자, 1990: 158) 문화세계에 근거해 기호화한 이미지에 흡인(吸引)되는 것이다(강준만 2002: 219). 결국 우리가 앞에서 제시한 '문화산업'에 대한 산업의 의미가 산업 그 자체를 의미하는 것－단순히 문화를 산업화－이 아니라 배포기술의 합리화, 상품의 규격화, 상품효과의 과학적 계산 같은 기업의 '도구적 합리성'을 가리키는 의미다.

'아도르노(Theodor Wiesengrund Adorno)'의 비판은 주로 대중문화(大衆文化)영역으로 자본주의와 사회 역사적으로 연루되는 '미학(美學')에 대한 변증법적인 비판을 시도하였다. 그에 비판은 다름아닌 상품, 물신주의에 대한 맑스주의적 비판과 맥락을 같이한(강현두, 1998: 4620) 문화의 상업성에서 보이는 비판이다. 그는 대중문화영역, 특히 '대중음악론(One Popular Music)'에서 '표준화(standardization)' 현상[73] 과 '의사개인주의(pseudo-individualism)'[74] 현상을 비판하였는데, 우선

---

73) 표준화란 여러 요소들 중에서 가장 성공적인 흥행물과 그 모양, 그리고 그 모방 비율이 높아지게 됨을 의미한다(Theodor W. Adorno, 1938, 강현두, 1999: 463).

74) 의사개인주의화라는 것은 표준화를 토대 위에서의 자유로운 선택과 개방된 시장이라는 후광을 부여함을 의미한다. 말하자면 히트 곡을 표준화시킨 것은 소비자들이 그 노래를 듣게 함으로써 노래를 좋아하게 하는 것이다. 의사개인주의는 음악소비자들이 듣고 있는 것이 이미 들었거나 혹은 이미 사전에 정리된 노래라는 사실을 느끼지 못하게 함으로써 소비자들로 하여금 원하게 하는 것이다(Theodor W. Adorno, 1938, 강현두, 1999: 463).

표준화된 현상-가공된 복제 문화물 생산-은 사람들을 규범으로부터 일탈하는 것을 허용해 주고 실제로 조장하며, 때로는 일탈을 자극하기조차 함으로써 두 번째인, 의사개인주의 현상을 은폐하고자 한다(위의 글, 1998: 464)는 것인데 이는 그의 또 하나의 연구 '계몽의 변증법(Dialectic Enlightenment)'에서도 강력하게 지적하고 있다. "사람들은 무엇을 원하는가"라는 '수사학(修辭學)'적 뻔뻔스러움이 사실 '문화산업'이 적극적으로 사유할 수 있는 주체적인 사람에게 묻는 것처럼 보이지만 이는 사람들의 개인적 사고나 감정 혹은 반응을 제거시키는 사실을 잘 드러내 준다(위의 글, 1998: 464). 예컨대 압구정동을 찾는 젊은이들 사이엔 각 개인마다 분명한 '차이'가 존재하지만 그 차이는 압구정동이라는 '틀'을 전제로 한 것에 지나지 않는다(위의 글, 1998: 218). 그래서 "무엇을 원하는가"하는 그 자체는 무엇을 획일적으로 매료시키는가 하는 것과 같다. 결국 '아도르노'의 '문화산업'이란 문화의 상업화, 더 나아가서 광고가 뿌려내는 문화의 몰개성화인 것이다.

확실히 광고는 강력하다. 미국과 같은 다인종, 다민족 국가가 세계에서 가장 통합력(統合力)[75]이 뛰어난 국가 중의 하나라고 하는 놀라운 사실은 광고의 위력에 대해 좀 더 경건해질 필요가 있다는 것을 시사해 준다. 광고는 사람들을 통합시키는 힘을 갖고 있다. 미국에 이민의 물결이 들이닥치던 시절 사회적 갈등은 매우 심각했다. 다른 인종과 다른 민족에 속하는 사람들의 독특한 의상과 라이프스타일에 대한 상호간의 거부감은 정치·경제적인 문제로까지 비화되었다. 그런 문화적 격차를 해소시켜 준 건 광고였다. 심지어 정치적 이념의 스펙트럼에서 양극단에 속한 사람들도 광고의 영향을 받아 똑같은 상품을 소비하게 될 때에 무어라 설명하기 어려운 공감대를 갖게 된다(강준만, 2002: 217).

---

75) 여기서의 '통합력'은 시민사회적, 정치참여적 통합력과는 거리가 멀다. 소비유행 편승, 광고문화의 수용에 대한 적극적이고 빠른 통합력 즉 '표준화'에 비판적 의미일 뿐이다. 이는 결국 '의사개인주의'가 확장된 '의사결속감'으로 해석할 수 있는 것이다.

광고환경은 계속해서 이렇게 주장된다. 소비는 서로의 차이를 극복해 주는 것, 물건을 사서 소비함으로써 우리는 하나가 되는 것(James B. Twitchell, 2002, 최기철, 2003: 95)으로 이는 마치 민주적 개성, 주체성이 회복되는 것 같지만 개성에 대한 모순의 모순을 주장하는 것이다. 이에 대하여 '아도르노'의 주장은 문화산업화로 집단적이고 평균적인 소비에 적극성을 띨 뿐이지 너무나도 폐쇄적인 의식이라 정리해 주며 역사학자 '래시(Christopher Lash)'는 이러한 사회를 이른바 '닫힌사회'라 하여 그저 번쩍이는 피상적인 것에만 휘둘려 지낼 뿐 그 어떤 '사회적 대의(大義)'엔 관심이 없다고 하였다. 그에 예시될 만한 사회가 바로 '미국사회'인데 그 사회에서 시민은 즉각적인 만족 중심의 소비자 윤리에만 충실할 뿐(강준만, 2002: 246) 진정한 시민성엔 관심이 없다. 그런데 우리가 주목할 것은 이러한 비판이 한국사회도 가능하다는 것인데 바로 한국사회는 그 기형의 미국시민성을 시민성이라 철저하게 믿고 모방하고 있다.

'벤야민(Walter Benjamin)'의 경우는 현대사회의 복제문화에 대한 비판을 시도하였으며 여기에도 광고환경이 여지없는 비판대상이다. 그는 오늘날의 전자적 기술복제의 단계는 과거 수공업적인 복제나 사진 영화의 '메커니즘(mechanism)'인 광학적 기술복제 단계와는 달리 이미지가 사물을 외부에 그대로 재현하거나 지시하는 것이 아니라 실재세계와 원본 '모사(模寫)'관계를 맺는다 하였다. 이는 다시 말해 다른 이미지를 조작하고 변형하여 생산됨에 따라 점점 더 '자기지시적인(self-referent)' 성격을 띠고 있는 것이라(심광현, 1996, 강현두, 1999: 535) 하여 광고로 만연된 '이미지'가 본질과 결별하여 본질이 제거된 상태, '아우라(Aura)'[76]의 붕괴를 초래한다는 것이고

---

76) '아우라'란 유일한 원본에서만 나타나는 것으로서 사진이나 영화와 같이 복제되는 작품에는 아우라가 생겨날 수 없다. 또 아우라는 종교의식에서 기원하는 현상으로 "아무리 가까이 있더라도 먼 것의 일회적 현상"이라 정의한다. 그러나 '벤야민'은 르네상스 이후의 예술에서도 과거의 종교적 숭배가

그래서 사람들은 복제를 통하여 모든 사물의 '일회적(一回的) 성격'
을 극복하려는 성향을 갖는다는 뜻이다. 또한 그렇기에 대중은 바로
가까이 있는 대상들을 그림-대상이 아닌-을 통하여, 아니 모사와
복제77)를 통하여 소유하고자 하는 간절한 욕망이 날로 커져간다는
것인데 예를 들어 신문이나 주간뉴스 영화가 제공해 주는 복제사진
은 회화로서 그림-과거 '아우라'가 풍성한-과는 분명히 구분되어
대상에 '아우라'를 감싸고 있는 껍질로부터 떼어내는 일, 즉 분위기
를 파괴하는 현대의 지각작용으로 보면 된다(Walter Benjamin(박성
완 역), 2002: 203~204). 아우라는 그 복제사진에만 적용되는 것이
아니라 광고물들에도 적용되는 것이다. 어떤 면에서 이는 '문화혁신'
이라 볼 수도 있지만 단순이미지 갱신에 불과하며 그래서 '키치
(kitsch)'78)라 취급되기도 한다. '벤야민'의 주장처럼 현대사회는 '아
우라'가 부재하다. 더욱이 유일한 것은 하나도 없다. 그러나 아이러
니컬하게도 광고환경이 있어 그 해결은 가능한데 이는 기술복제를
왜 해야 하는지의 궁극적인 목적이자, 왜 어렵게라도 '문화적 가치'
-아우라가 충만한-를 모사해야 하는지의 이유는79) 자본주의 사회
에서 대량소비라는 광고생산의 이유이기도 하다. 결국 광고는 바로

세속적인 미의 숭배로 대체되었으므로 아우라가 존재한다고 보았다. 또 아
우라는 예술작품의 원본이 지니는 시간과 공간에서의 유일한 '현존성'이 있
어야 하는 것으로 사진이나 영화-더 확장시켜서 광고의 메시지에-처럼
현존성이 결여된 작품은 아우라가 없다 하였다. 결국 독특한 거리감을 지닌
사물에서만 가능한 아우라는 복제품이나 대량 생산된 상품에서는 경험될
수 없는, 모방할 수 없는 특유의 조건, 창조성이 증명되는 시·공간상의 독
자성이라고 할 수 있다.

77) 여기서 '모사'와 '복제'는 본질과 완전히 다른 속성의 껍데기에 지나지 않는다.

78) '키치'란 진짜를 흉내 낸 조잡하고 촌스러운 '모조품' 또는 이 모조품에서
자기만족을 얻고자 하는 행동양태를 뜻한다. 이를테면 이발소에 걸려 있는
밀레의 "만종"과 모차르트를 편곡한 경음들이 그것이다(강준만, 2002: 238).

79) '이미지'란 문화적 가치가 풍부한 것처럼 보이게 하는 기능이 있다. 그래서
광고는 이를 십분 활용한다.

'벤야민'이 비판한 사회현상의 원인이자 그 현상의 해결책이다.[80] 그러나 명심해야 할 것은 그 해결은 바로 '아우라'가 상실된 이미지 상품을 집단적으로 소비하는 몰주체성이며, 엄밀히 말해서 해결은 아니다.

'프랑크푸르트학파' 비판이론에 가장 끝자락에 있는 '하버마스'는 호르크하이머, 마르쿠제, 아도르노, 벤야민의 소비자극사회-광고환경-의 비관론적 관점들에 대한 해결책을 제시하고 있다(이강수, 1998: 246). 그러나 그 제시도 실현가능성이 희박하다. 왜냐하면 사회통합-'생활세계'-의 문제로부터 체계통합의 문제까지 분리시켜서 이른바 상호작용의 능력, 사회적인 법체계와 도덕체계 그리고 세계상과 자기동일성에 관해 재구성해야 함을 제시했지만 그 성원들의 재구성 능력은 이미 상실된 상태이기에 그 해결이 의심스럽다.

사실 의사소통행위의 영역 속에서 진보를 드러내 보이고자 하는 그의 해결책(Ulrich Gmunder, 1985, 손동역, 1998: 167~168)이란 무분별한 '실증주의(positivism)'에 대한 비판이다. 그런데 그 실증주의적 사상의 지속, 즉 실증주의적 합리성의 구현은 현대세계에서 권력기관이 대중을 '통제(統制)'하는 데 유용한 것이다. 그래서 이른바 '가치중립성(價値中立性)'이라는 외투 속에 둘러 싸여 지배를 은폐하고 또 발견하기 어렵게 만든다는 면에서(George Ritzer(최재현 역), 2000: 222). 그 개선이 불가능하다. 결국 인간의 진정한 상호작용을 가능하게 해주는 사회를 창조해 냄으로 진정한 인간 상호작용을 '상징적 상호작용(symbolic interaction)'으로 또는 강제성이 없는 상호작용과 의사소통에서 개선할 수 있는 것인데(Habermas, 1970, George

---

80) 명품, 고급브랜드, 유명브랜드, 제품명성 등 모두는 광고를 통해 구축된 가공된 아우라다. 그래서 아우라의 회복이라 해석하기도 한다. 그러나 여기서의 아우라는 아우라의 이미지에 불과한 껍데기 아우라다. 왜냐하면 대량 생산되는 명품, 고급브랜드, 유명브랜드, 제품의 명성은 대량 복제이기에 근본적으로 아우라는 아니다.

Ritzer(최재현 역), 2000: 222), 그도 이미 '실증주의-여기서는 소비주의-'로 함락된 '생활세계의 식민지화'일 뿐이며 그 개선이 불투명하여 공동체의 '연대성'을 형성시키는 '토대'[81]가 되는 생활, 문화 공동체가 파괴되는 것이다(김재현 외, 2001: 276). 그런데 그럼에도 불구하고 사회적 삶의 합리화는 개인들이 환상-생활세계의 식민지화를 감지하지 못하는 것-에 빠지게 한다. 더욱이 더 효율적이고 비인격적 인간의식 규제가 오히려 발전적이라는 생각으로 사회전면화 되어 그 지배를 지배로 파악하지 못하는 사회가 되는 것이다(위의 글, 2002: 418).

이러한 국면이라면 체계와 '생활세계'의 관계변화를 가져오는데 생활세계의 두 영역, 즉 '공공영역(public sphere)'[82]과 '사적영역(private sphere)'의 모호함으로 더욱 구체화 된다. 우선 첫 번째, '사적영역'에서는 임금노동과 관계된 불만족이 '상품소비'에 의해 보상[83]되면서 소비자 역할의 중요성이 증가[84]하고 두 번째, 공공영역에서는 '저널

---

81) 혹자는 어쩌면 스포츠, 대중문화가 현대사회에 연대성 형성을 대리(代理)한다고 한다. 그러나 책임자는 기약 없이 부재중이다(김재현 외, 2001: 276). 그리고 현대에는 광고환경도 그 대리를 기능적으로 해내고 있다. 특정브랜드, 특정광고에 동조하는 시민들끼리 연대의식을 갖기도 한다. 그러나 이 또한 비판이론의 비판사례인데, 이러한 '대리'는 '비판적 능력'의 상실을 가져오기도 한다.

82) '공적영역'은 18세기 및 19세기 자본주의의 확산으로 출현하였는데 런던, 파리, 그리고 유럽의 다른 유럽도시의 살롱과 카페에서 발달하였다. 사람들은 당시의 쟁점을 토론하기 위하여 회합을 가졌다(Anthony Giddens(김미숙 외 역), 2003: 414). 이는 정부로부터 독립적이고 또한 당파적인 경제세력으로부터도 자율성을 누리는 공론의 장으로서, 합리적 논쟁-이해관계에 결부되지 않고 '위장(僞裝)' 또는 '조작(造作)'되지 않은 토론-에 일반 시민들이 자유롭게 참여할 수 있으며, 동시에 그들에 의해 검열을 받는 영역이다. 결국 여론이 형성되는 곳은 바로 이러한 공공영역에서다(Holub, 1991, Frank Webster(조동기 역), 2001: 172).

83) 이 주장은 '유엔(Stuart Ewen)'의 광고비판의 큰 틀이기도 하다.

84) 여기서 중요성이란 소비자문제, 소비자운동에서 소비자 시민이 주도하는 역할이 아니라 대량생산기업의 존립을 위해 존재하는, 즉 지속적으로 소비만

리즘'이 매체가 되고 그래서 시민역할의 중요성이 감소와 더불어 그들의 정치참여는 가끔 투표하는 것에 국한되는 것이다. 결국 공공영역의 매체는 소비라는 메시지가 독식하는 광고환경이 조성되고, 사적 영역에서 시민은 이를 수용하여 적극적 소비참여에 동조한다. 시민역할의 중요성은 줄어들면서 동시에 소비주의적으로 재형성되는 삶의 조건들이 생활세계에서 병리학적 증상으로 나타나는 것이다(위의 글, 2002: 430). 이를테면 기업이 공간적으로 확장되어 전형적인 '성도(聖都)'기업인, 초국가적 기업으로 확산되거나 소수대기업으로 통합 더 나아가 사회의 모든 영역 속으로 더 깊이 파고드는 것이다. 이러한 추세에 따른 주요결과는 '사회의 기업화'를 들 수 있고(Trachtenberg, 1982, Frank Webster(조동기 역), 2001: 126) 여기에서는 더 이상 유감없이 개방된 순수의사소통은 불가능하고 지역사안에 대한 시민의 주체적 소통은 더욱 있을 수 없게 된다. 결국 생활세계에 대해 '하버마스'의 진정한 합리적 의사소통은 생성될 수 없다고 단언하고, 왜곡된 의사소통의 사회[85]인 식민지화가 가속화 되는 것이라 지적한다.

왜곡된 의사소통을 분석한 '하버마스'는 전략적 언어사용, 즉 언어의 은밀한 전략적 사용을 이데올로기적 장치로 보는데 '화행이론(speech act theory)'을 이용해서 겉으로는 식민지화와 무관한 의사소통적으로 언어를 사용하는 듯하면서 이를 통해 '전략적 언어'를 사용한다 하였다. 사람들은 진리, 관계, 감정 등에 대해 여러 가지 주장을 하는데, 이는 청자가 이를 타당한 것으로 받아들이고 반응할 것을 조정한다는 의미이기도 하다(Robet E. Young, 1991, 이정화, 이지헌 역, 2002: 96). 결국 이는 광고행위와 아주 흡사한 전략적 왜곡으로 본질을 은폐한

하는 소비역할자의 확보를 말한다.

[85] 소비를 위한 생활정보만이 소통되는 사회인 것이다. 예를 들어 사람들은 우리 동네에 고급브랜드를 저가로 어디에서 싸게 살 수 있는지의 정보를 교류한다. 그러나 어디서 독거노인을 도울 수 있는지, 지방정부를 어디서 감시하는지, 왜 감시해야 하는지 그 필요성엔 무지하다.

상업적 이미지 언어만 난무한다 할 수 있는데 다음은 그에 대한 예다.

> 판매원: 안녕하세요? ○○입니다. 정말 잘 오셨습니다. 회사사정으로
>   점포를 정리하게 되어서 재고를 전부 처분하려고 합니다.
> 고 객: 으, 으음
> 판매원: 사장님, 어떤 차종을 찾으십니까?
> 고 객: 소형으로 한 2년쯤 된 차를 찾아요.
> 판매원: 아, 운이 좋으시네요! 며칠 전에 좋은 차가 들어왔는데,
>   딱 1년 된 겁니다.
> 고 객: 너무 비쌀 것 같은데……
> 판매원: 전혀 그렇지 않습니다. 보세요. 사장님께 좋은 일 한번 하
>   게 됐습니다. 적당한 값만 받겠습니다.
>   (Robet E. Young, 1991, 이정화, 이지헌 역, 2002: 97)

위와 같은 사례에서 우리는 제3자로서 의사소통의 왜곡을 금세 감지한다. 그런데 이 마저도 감지하지 못한다면 상업성을 철저하게 은폐시키는 이른바 '홍보(public relation)활동'이기에 그러하다. 사실 이 홍보라 하는 것은 광고와 달리 생활세계가 시민들에 의하여 식민화되지 않고 잘 작동하는 것처럼 보이지만 엄연한 식민화다. 그래서 이를 '의사(pseudo)'라 하기도 하는데 모두 광고자들의 간접적 혹은 미래적 광고행위에 불과하다.

기업마다의 홍보활동의 확산은 실제로 공공영역의 지속적인 중요성에 대한 증거이자 의심 없이 토론의 장이 원활하게 작동하는 것처럼 인정되지만 공개적인 논쟁을 시작하는 과정에서 '홍보활동'은 그것이 대변하는 이해를 위장함으로써 - 예컨대, '공공복지' 또는 '국가이익'과 같은 매력적인 말 속에 감춤으로써 - 현대의 논쟁을 진정한 공공영역의 '가짜판(fake-action)'으로 만들게 하는 꼴이다(Habermas, 1989, Webster Frank(조동기 역), 2001: 175). 이는 다시 말해 공공영

역의 문제가 기업에 의해서 해결되는 것이고, 그에 대해 시민은 아무 걱정 없이 소비에만 전념하게 된다. 결국 기업의 사회사업 혹은 공공영역의 관여는 순수할 수 없는 소비유도의 세속적 책략이다. 그러나 그 책략이 광고보다 홍보에선 더 잘 드러나지 않기에 문제가 되며 이에 대하여 '하버마스'의 이론을 빌리자면 합리적이지 못한 시민사유의 '재봉건화(re-feudalization)'라 할 수 있는데(Frank Webster(조동기 역), 2001, 175) 이는 마치 봉건시대에서 귀족, 주군이 민중 사유를 후견하듯 '재봉건화(re-feadalization)'로 간주될 수 있다는 것이다(Frank Webster(조동기 역), 2001: 175).

결국 비판이론에서 광고는 그야말로 초국가적 '미디어 복합체'에 '광고문화'가 확산되어 '공공영역'을 위한 실제적인 공간은 더 이상 존재하지 않게 된다는 지적이다. 그리고 그에 따라 무엇보다 암울한 것은 그 속에 사람들의 '세속화'는 최대화되고 '비판능력'은 최소화되어(위의 글, 2001: 177) 사람들은 더 이상 '시민'이 아니라 '소비자'에 만족하는 이른바 '생활세계의 식민화'가 전면화 되는 것이다.

⑦ 나이키 완전군장

　　스포츠 용품을 사고자 할
때 스포츠매장을 가보면
각종 브랜드들이 즐비해 있다.
그중에서 가장 세력 있는 브랜드는 단연
'나이키'인데 우리는 경제적 여유가 되면 꼭
그 나이키를 사고야 만다. 그러나 그게 여의치 않다면 애
국심을 앞세워 '프로스펙스'나 '르까프'로 사람들은 자신의 선택을
정당화시킨다. 그럼에도 불구하고 그런 결정에 비웃기라도 하듯 '나이키' 매
장은 극도로 세련된 디스플레이로 우리를 위축시킨다.

　　나이키를 구매한다는 것은 사회적 '권력'을 구매하는 것이다. 그 권력은 입으로 내뱉
기도 수치스럽지만 너무나도 복잡한 권력소유다. 우선 나이키 구매는 경제력이다. 한때 미
국 흑인어린이들이 신어 보길 소원하는 신발이 '마이클 조던'의 나이키 농구화였다. 그 비
싸디 비싼 운동화를 신어 보는 게 소원이라는 것은 그 메이커의 권력이며 그 뒤에는 경제
력이 수반된다. 그러나 혹시 가정형편이 좋지 못해 그에 이르지 못한다면 어린 시절 일찌
감치 계층좌절감을 맛보게 되는데 그 매개가 바로 광고다. 결국 어린나이에 나이키농구
화 취득좌절은 조던을 우위모방하려는 첫 번째 방법론을 노친 셈이다. 두 번째 '미국성
(美國性)'을 한 것 품은 것이 나이키다. 자신이 '리복'도 아니고, '미즈노'도 아니
고, '프로스펙스도'아니라 '나이키'에 충성스럽다면 미국문화를 동경하여 그 문화를 취득
하는 방법을 여기에서 찾은 것이다. 그리고 조던의 종횡무진했던 NBA와 잘 몰랐던 우즈의
골프, 그리고 정말 규칙이 복잡해서 모르고 넘어가던 미식축구도 알아야 한다 생각하는 것
이다. 왜냐하면 그것이 미국성이기 때문이다. 세 번째, 경찰국가로서 미국의 세계적 파
워를 미워하면서도 이를 알면 누리고 싶다면 너무나도 간단히 경제력만 우수하면 된다. 바
로 나이키는 그 경찰국가에서 태어났고 그래서 나이키 전품목이 조금이나마 그 이기적 파
워를 닮고 있다. 네 번째, 스포츠 용품에서 고도의 인체공학적 안전혜택을 느끼고 싶다면
단연 나이키다. 누가 나이키의 스포츠 안전성을 의심할까 하지만 설사 그 안전성이 부족
해도 불만은 없다. 왜냐하면 이는 이미 다른 메이커보다 최고의 과학이기에 그렇다 등등

　　나이키를 기꺼이 구매할 수 있다는 것은 본 사진에서처럼 막강해 보이는 그 권력을 취
득하고 싶다는 것이다. 그야말로 나이키 타운에 입성한다는 것은 그 수많은 매력―넘치

는 경제력. 미국성 보유, 이기적 파워, 안전성 최우선 등—을 희망한다는 뜻인데 그래서 나이키로 온몸을 완전군장하는 '스포츠 마니아' 가 많아지는 것이 아닌가 한다. 골프를 칠 때도, 수영을 할 때도, 자전거를 탈 때도 나이키골프용 옷을 따로 입어야 하고, 수영선수처럼 스피드를 낼 것도 아닌데 민망하게 꽉 조이는 나이키삼각수영복을 입어야 하고 자전거도 마찬가지 타이즈를 입어야 한다. 결국 나이키광고는 그 민망한 권력을 소비로 취득할 것을 늘 권장한다.

(사진출처: Captains of Consciousness
(Stuart Ewen, Basic Books, 2001) 표지 그림)

⑧ 소비개미

요즘 우리나라 가족 주말 모습에서
빼놓을 수 없는 것이 바로 온 가족
이 바퀴달린 장바구니를 끌고
이리저리 누비는 모습인데
이는 오직 한 가지 행위,
소비에 전념하는 모습이
아닐 수 없다. 어떤 면에선
아들, 손자, 며느리 모두 모여 그 지루
한 소비대열에 자신의 황금주말을 기꺼이 내주는
것이다.

　본 사진은 광고사회학적 실제를 다루는 외국서적의 표지인데 사
람들이 분주하게 움직이는 모습의 이유는 하나같이 똑같이 소비라는 목적에
서다. 현대인들은 소비하지 않고 살 수 없다. 열심히 일을 하는 이유도 소비하기 위해서
다. 그리고 늘 더 많은 소비를 하기 위해 연봉을 올리려 애를 쓴다. 그러나 연봉이 줄면
좀 덜 소비하면 된다. 경기가 안 좋으면 채소는 집에서 길러 먹으면 되고 옷도 입고 빨고
두 벌이면 충분하다. 물론 궁색하다 할 수 있지만 인간이란 원래 이렇듯 합리적 존재였
다. 그러나 광고가 늘 소비자극한 이유로 사람들은 더 많은 소비를 위해 주말을 내주고 어
디서든 소비를 위해 줄을 서고 집중한다.

(사진출처: Going Shopping(Ann Satterthwaite, Yale Univerisy Press,
2001)의 표지 그림)

제4부

광고사회학의 실제

1. 사회적 자본(social capital)과 미국

정치사회학자 '푸트남(Robert D. Putnam)'은 '사회적 자본'[1]개념을 내 놓으면서 광고사회학의 실재가 될법한 미국사회를 지적하였다. 그에 따르면 현재 미국사회는 무분별한 광고환경으로 시민관심의 '사회적 자본'지표, '공동체관계(social relation)', '호혜성(cooperation)', '신뢰(trust), '사회적 규범(social norm)', '사회적 중개(social intermediation)' 등이 손상되었다고 한다. 이는 날로 고조되는 미국시민들의 지나친 소비관심이 과도한 소비환경으로 인한 것이라 유추하게 만들기도 하는데 물론 그 원인이 광고만이라 할 수 없겠지만 지나치게 소비[2]적인 미국매체환경(공공역역)만 보더라도 그 손상이 아닐 수 없다.

푸트남은 소비의식과 상대적 개념인, 시민의식을 '정치참여'의 수준에서 평가하였다. 한때는 늘 사회에 참여하는 미국시민들이 이제

---

1) 자발적 협력, 호혜성의 규범과 시민적 참여(civic engagement)의 네트워크 등 협력적 행위를 촉진시켜 사회적 효율성을 향상시킬 수 있는 사회조직신뢰, 규범, 네트워크 등의 속성을 지칭한다. 결국 '사회적 자본'은 자발적 협력으로 촉진된다(안청시 외 역(Putnam, Robert D), 2000: 281).

2) '소비'에 관련하여 시민의식의 지표, '사회적 자본'을 측정한 것은 아니었다.

걷도는 시민-소비자-이 되었다고 그는 주장하는데 대통령선거에서 전국 유권자의 약 절반만이 투표하거나, 13%만이 시의회나 학교문 제를 다루는 모임에 참여하고 학부모교사협회, 여성유권자연맹, 지역 봉사단체, 등에 참여율은 사실 현저하게 줄어들어 거의 멸종위기에 놓였지만(Putnam, 1993: 155) 그렇다고 해서 시민들은 집에만 틀어 박혀 있는 것이 아니라 대신 대형쇼핑몰이 어디에 생기는지, 유명할 인점이 얼마나 가까운 데 있는지가 더 궁금[3]하여 그러한 소비 장소 에서 그들의 출몰을 자주 보게 된다. 결국 '소비로 집중된 생활방 식'[4]은 '시민의식'과 인간적 교류-사회적 자본보유-를 '소비'와 맞 바꾸게 되었다(John de Graaf, David Wann & Thomas Naylor, 2001, 박웅희, 2001: 192). 그래서 사람들은 지역공동체에 자발적으로 참여 하는 것보다 쇼핑타운, 백화점, 복합쇼핑몰에서 소비로서 의사화된 공동체를 느끼는 것이다.

　　가격표와 바코드가 우리네 삶을 뒤덮기 시작했다. 먹기, 오락, 교 제, 건강 등은 물론 심지어 종교까지 모든 것이 시장에 내다 팔 수 있는 상품이 되었다. 잠을 이루려거나 섹스에 시동을 걸려면 알약을 한 알 복용하라, 배가 고프면 패스트푸드를 거머쥐든지 3코스짜리로 가정배달 서비스를 주문하라, 운동을 하려면 헬스클럽에 가입하라, 오락이 필요하면 인터넷에서 전자게임을 하라, 담배를 끊으려거든

---

3) 푸트남의 연구조사 자체도 소비를 하려는 '쇼핑몰' 부근에서 이루어졌다. 결 국 사람들은 늘 소비하려는 곳에서만 만날 수 있다는 것이다.

4) 많은 사람들이 같이 모일 수 있는 기회-물론 시민적 사안을 거론하기 위해 -가 줄어들어 대중이 모이는 공간이라 해야 쇼핑몰 정도가 고작이다. 대부 분의 사람들은 노년기를 고독하게 보내고 있고 텔레비전을 보며 소일거리나 우울증 치료제를 복용하는 경우가 비일비재하다 이것이 바로 '새로운 세계질 서'라는 화려함 속에 숨겨진 생생하고도 일상적인 현실 그 자체다(Morris Berman(심현식 역), 2002: 22). 결국 영화관에 모여도 각자고 '붉은악마'티셔 츠를 사는 것도 각자다. 집단적으로 무언가를 하고 있지만 '사회적 자본'과는 무관하게 늘 각자다.

니코틴 패치를 사거나 의사에게 웃음가스를 몇 회분을 부탁하라. 살기 위해 우리는 소비한다(John de Graaf, David Wann & Thomas Naylor, 2001, 박웅희, 2001: 192).

이는 단순히 광고 속에서 주제와 말과 이미지에 의해서 소외되고 기만당한다는(Jean Baudrillard(배영달 역), 1998: 110) 전통적인 '광고비평'의 논제가 아닐수 없으며 더욱 확장되어 모든 환경이 소비관심의 광고환경화로 야기되는 광고사회학의 큰 문제거리가 되는 것이다.

결국 광고는 사회에서 개인을 구원한다고 하지만 엄청나게 확장된 소비유혹의 환경 속에서 소비사회에 쉽게 전파되는 열기와 부를 부추켜(위의 글, 1998: 111) 그 사회에서 거론되는 문제가 기업 수중에 남게 하는 주범이다. 그래서 자연보호라는 시민적 문제는 기업의 몫으로 전환되어서 기업은 자연보호 캠페인을 벌이게 되고, 시민은 그 캠페인을 벌이는 고마운 기업의 물품을 기꺼이 구매하면 된다. 그러나 여기에는 진정한 시민의식 발휘는 그 어디에도 없다. 다만 사람들은 우리사회의 환경문제가 시민참여로 해결되었다고 굳게 착각속에 빠지는 셈이다.

2. 전 세계의 미국화(Americanization) 수용

사회변동 과정에서 전 세계적인 '미국화(Americanization)'의 수용은 소비수준과의 정적 관계를 보여주고 있다. 미국사회 자체는 시민성을 줄이고 '소비향유'만을 받아들이는 것이 더욱 세련된 시민성으로 오해되는 사회다. 이는 과거 '봉건시대'의 의식적 지배에서 벗어남과 동시에 기업에 의한 의식적 지배로 다시 진입하는 것과 다름없다.

결국 이는 공중이 시민이 더 이상 기업들이 지배하는 문화5)에서 벗어날 수 없게 하는 것인데(Morris Berman(심현식 역), 2002: 9), 그 결과 지성적인 시민들은 아무런 진지한 생각 없이 살아가는 소비자들로 대체되며, 사회 전반의 시민적 지적 수준은 낮아진다(Morris Berman(심현식 역), 2002: 9). (위의 글, 2001: 57). 그래서 소비수준이 향상된 문화일수록 미국제품을 선호함과 동시에 그 지역의 시민성은 현저하게 낮다.

사실 미국 전체인구의 98% 정도가 쇼핑을 마치 오락으로 여기고 문제의식화하지 못하며, 다른 사람과 격리되어 살아가면서 아무런 '공동체의식'을 느끼지도 못하고 연속극에 나오는 인물들이 가까운 친구가 되는 것처럼 느끼며 살아가고 있다(위의 글, 2001: 72). 그리고 이런 미국사회의 현실 때문에 늘 미국에서 '시민의식의 상실'에 관한 학술회의가 열리기 시작한 사실은 시사하는 바가 크다(위의 글, 2001: 72). 결국 미국사회는 시민을 '소비자'가 되기를 강요하는 사회다. 미국사회는 '이성적 자아'를 상실6)하게 하고, 오직 '감성적 자아'를 소비로써 몰입하도록 강요하는 사회다. 또는 시민들 각자 '시민적 사안'을 도출해 내는 능력상실과 그 개진을 위한 공동체 결성의 필요성조차 인식하지 못하게 하는 광고사회인 것이다.

---

5) 오늘날 세계경제패권을 거머쥔 대기업들, 초고속 정보통신망, 맥월드의 문화 등은 모두 싸구려 속물주의, 소비풍조, 백색소음 - 라디오, 텔레비전 방송, 전자제품의 소음이다. 이들은 생명력이 넘치는 것처럼 보이지만 죽음의 전조다. - 같은 삼류 저급문화와 뒤섞이도록 유도하는 일종의 매개체 역할을 했다.

6) '프로이드(Sigmund Freud)'의 '정신분석학'에서는 인성(人性)은 이드(id), 자아(ego), 초자아(superego)의 3분 구조로 구성되어 있다 하였다. 그리고 건전한 인격의 소유자에게는 이 3가지 구조가 조화롭게 기능할 것을 강조하였다(전병재, 1997: 92). 결국 그래서 프로이드의 인격형성과정은 '사회화(socialization)'를 의미한다. 그러나 현 광고산업확장은 편향된 인성체계, 즉 사회화를 가능하게 하는데 이를테면 사회구성원들 사에서 초자아발휘 - 착한 척 하는 것 - 는 진부한 것으로 여겨지고 오히려 감각적 '이드'추구 - 개성·세련됨 과시의 감각적 소비 - 만이 가득해야 할 것을 권장한다. 그리고 이 기형의 사회화가 무엇보다도 잘못된 점은 성장과정에서부터 아주 자연스럽게 습득된다는 점이다.

결국 미국은 천민자본주의의 가장 세속적 상징성을 보여주고 있는 사회다. 그럼에도 불구하고 유행, 소비, 브랜드, 세련미, 등의 소비에 관한 시시콜콜한 개념들 모두는 미국사회를 관통하고 그 사회가 우리 사회에 투영되어야 가장 세련되고 유익하여 세련된 문화라 여긴다. 특히 한국사회의 젊은이들은 그에 대한 이중적 가치관을 보여주기도 하는데 그들의 국제정치적 입장과 소비적 입장이 다르다. 우선 정치적으로 한국젊은이들은 미국의 한국 내 관여, 주한미군, 한미FTA, 이라크파병 등에 대해서는 불쾌하게 여겨 미국을 비난하기도 한다. 그래서 미국에 대한 국제정치적 문제에 대해서는 관대하지 못하다. 그러나 이러한 일종의 애국행위는 유독 소비라는 면에서 역전된다. 즉 미국적 스타일의 커피, 패밀리 레스토랑, 대학가 미국문화화, 청바지, 미국인 외모, 유행가, 할리우드, 패스트푸드, 월트디즈니, 미국식 영어발음 등 미국적 스타일이 충만한 것에 가능하다면 기꺼이 구매해야 한다는 생각이다.

그러나 이러한 현상은 비단 한국사회에서만 일어나는 일이 아니다. 사실 전 세계의 모든 젊은이들에게서 나타나는 이중성이며 자생적인 것도 결코 아니다. 이는 전 세계적으로 포진되어 있는 미군처럼 이미 미국기업의 소비시스템과 마찬가지라 보면 된다. 결국 "Yankee go home"이지만 여전히 "take me"로 미국비자발급이 그토록 까다로운 데도 기를 쓰고 붐비는 이유 중에 하나라 보면 된다. 그래서 순수한 의도의 '지구촌(Global Village)'은 '미국화(Americanization)'로 개정되는 것이다.

애초에 사회학자 '소로킨(Pitirim Alexandrovich Sorokin)'은 현대사회를 '감각적 문화'로 개념화하였다. 그에 따르면 문화란 비물질적·선험적·초자연적인 것에 최고에 가치를 인정하는 '관념적 문화(ideational culture)'7), 물질적·경험적 가치가 우세한 관능적 지각의 표현인 '감각적 문화(senate culture)'8), 그리고 정신적 가치가 우세하지만 물질적 가치도 중요시하는 '이상적 문화(idealistic culture)'로 구분하였고. 그 세 문화는 인류역사에서 반복되고 왔음을 밝혔다(변시민, 1998: 45). 따라서 현 사회의 단계를 '감각적 문화'라 해석하고 있으며 그 반복의 '변증법'을 기다리면 되는 것이 문제가 없는 것처럼 보인다. 그러나 이에 대한 비판적 해석은 좀 다른데 '소로킨'의 주장의 말미-이상적 문화-와는 달리, 현대사회는 '기업주도'의 '상업주의 문화'로서 '관념적 문화'로 더 이상 진화시키지 못하고 있다(Morris Berman(심현식 역), 2002: 143).

이러한 견해는 '프랑크푸르트학파'인 '호르크하이머'와 '아도르노'에 의한 '계몽주의'의 구분에서 더 명확해지는데 두 사람은 '바람직한 계몽주의'와 '그릇된 계몽주의'를 구분했고[9] 그 구분에서 그릇된 계몽주의의 진화란 '발전'이 아니라 '악화'라 비판했다. '베버'는 이를 가리켜 '세계에 대한 환멸(Disenchantment of the World)' 또는 '산업사회의 철장(Iron Cage)'이라 불렀는데 이는 팬옵티콘[10](panopticon)이

---

7) 인간의 내적인 가치에 삶을 변화시키는 데 일차적인 관심을 두는 문화(Morris Berman(심현식 역), 2002: 134).

8) 오늘날의 사회가 속하는 감각적인 문화의 경우 물질주의를 추구하며, 외부세계의 기반에 그 기반을 두고 있다(Morris Berman(심현식 역), 2002: 134).

9) 우선 바람직한 계몽주의란 '흄(David Hume)'과 '볼테르(Voltaire)'로 대표되는 이성의 시대를 말하며 이 시대는 비판적 분석의 개념을 남겼다. 후자인 그릇된 계몽주의란 수량과 통제, 그리고 자연세계에 대한 인간의 지배 등에 집착하는 현대사회의 사상을 의미한다. 자연에 대한 인간의 권력은 점차 증가하였으며, 인간들은 이것을 발전이라 불렀다. 그러나 이와 함께 인간은 자연현상이나 의미와 가치의 세계로부터 점차 소외되어 왔다. 이런 소외현상은 우리에게 좀 더 많은 권력을 추구하도록 만들었고 이것은 더 많은 소외현상을 불러일으킨 식으로 악순환되었다. 결국 '발전'이란 것은 분노의 표현이 되어 버렸다(Morris Berman(심현식 역), 2002: 148).

10) 이는 철학자 '제르미 벤담(Jeremy Bentham)'이 보다 효과적으로 감옥죄수를 실시간으로 감시하고자 1791년에 고안한 '원형감옥'이다. 그리고 이 감옥은 광고사회학의 '할인카드'시스템에 잘 적용된다. 말하자면 이 카드는 할인이라는 취지보다 사람들의 라이프스타일을 실시간으로 감시할 수 있다는 면에서 현대적 원형감옥이 아닐 수 없다.

아닐 수 없어서 현시대에 맞게 해석하자면, 사회 전반의 소비문화가 전 세계적으로 진보된 사회형태를 왜곡시키고 있다는 것이다. 이를테면 코카콜라나, 미국의 위성방송과 나이키 운동화가 저 멀리 아프리카 오지에까지 펴져 나가기를 원하는 식인데, 이것이 바로 상업주의적 메시지－광고환경의 조성－로 연신 공격받는 철두철미한 '미국화'된 문화를 비판하는 것이고(위의 글, 2002: 148~149), 그 미국화 문화의 확산은 그릇된 계몽주의이자 감각적 문화의 확산이다.

결국 미국문화가 충만한 제품의 소비경향은 전 세계적인 추세이며 이를 거부할 수도 없는 노릇이어서 전 세계의 경제시스템이 모두 미국으로 집중되어 있고 그에 따른 소비시스템도 미국화되어 있기에 사회는 소비라는 유일한 방법을 통하여 늘 미국을 닮으려 하고 있는 것이다.

3. 거대 복합쇼핑몰과 프랜차이즈 현상

'거대 복합쇼핑몰'[11] 현상도 광고사회학의 핵심적인 실제사례로서 제시될 수 있다. 예를 들어 미국사회 쇼핑시장에서 비교적 신참인 '월마트(Wal-Mart)'는 사람들이 어디서, 어떻게 쇼핑을 해야 하는지에 대한 최근변화를 보여주는 상징이다. 광대한 도매상점 빌딩, 30개나 되는 계산대, 모든 상품의 총집합, 그리고 무엇보다도 광활한 주차장 소유는 도심보다 유리한 소비조건으로 그 입점경쟁이 치열하게 한다.[12] 또한 '프랜차이즈 체인(franchise chain)'점[13]의 대명사인,

---

11) 백화점처럼 모든 제품을 보유하고, 20~30%의 할인가격과 셀프서비스로 비용손실을 최소화한 시스템이다. 무엇보다도 복합이기에 쇼핑은 물론 영화관람, 놀이시설, 레스토랑 등 소비로 할 수 있는 모든 오락거리를 총체적으로 제시하고 있다.

12) '피에르 마티노(Martineau Pierre)'는 광고의 가장 중요한 사회적 기능은 개인

‘스타벅스(Starbucks)’는 커피 소비에 대한 고급화를 선도하고 있다. 이는 세계 어디서나 원두커피를 즐길 수 있는 세련된 시스템이어서 대중매체를 이용한 광고보다 입소문, 혹은 옥외광고를 이용해 그 고급스런 인기가 날로 높아만 간다. 그런데 이 두 시스템의 증가를 세련되고 새로운 소비장소의 등장이라는 면만으로 반길 것은 아니다. 오히려 이로 인해 지역경제를 고사(枯死)시키고 특정소비시스템에 지역경제가 종속됨은 중요한 광고사회학 문제꺼리가 아닐 수 없다.

우선 거대 복합쇼핑몰의 증가는 시민들의 라이프스타일의 소비로써 개념화함을 더욱 강화하고 있다. 사실 애초에 산업화는 대량생산을 가능하게 하였고, 대량생산을 위해서는 노동력이 확보되어야 하고, 그렇게 하기 위해 인구의 도시집중현상이 더욱 급속하게 진행되었는데, 그 도시화에 따른 대량소비도 불가피하여 광고관여를 가능케 했다.[14] 그러나 이렇게 개입된 광고는 꾸준히 확장을 거듭하여

을 현대 미국의 고속 소비 경제에 ‘통합(統合)’시키는 것이라 하였다(Martineau Pierre, 1971, John de Graaf, David Wann & Thomas Nayl(박웅희 역), 2002: 254). 그런데 거기에 또 하나의 견해는 그 통합이 고속의 소비사회에 기능적일지는 몰라도, 시민사회를 ‘해체(解體)’시키는 역기능을 낳았다 하였다. 역시 소비실천의 통합유도메시지의 범람에 대해 ‘윌헬름 로프키(Wilhelm Ropke)’는 그 상업주의가 사회의 모든 영역을 지배하도록 방치하면 그 결과 여러 면에서 파멸적일 것이라고 우려했다(Wilhelm Ropke, 1971, John de Graaf, David Wann & Thomas Nayl(박웅희 역), 2002: 263). ‘로푸키’는 전면적‘상업화’의 재앙은 시장의 규칙이 수요와 공급을 넘어 ‘지켜야 할 영역’들로까지 번져가는 것이라 하였다(위의 글, 2002: 263).

13) 상품을 제조하고 판매하는 메이커 또는 판매업자가 프랜차이저(franchiser, 체인본부)가 되어 독립소매점을 프랜차이지(franchisee, 가맹점)로 하여 소매 영업하는 형태. 체인본부가 가맹점에게 일정지역 내에서의 독점적 영업권을 주는 대신 판매상품의 종류 및 점포, 광고 등을 직영점과 같이 관리하고 가맹점에 경영지도 및 판촉지원을 제공한다. 투자의 대부분을 가맹점이 부담하기 때문에 체인본부는 자기 자본을 별로 투하하지 않고서도 체인점포망을 확충할 수 있다(naver사전 07년 1월 10일 검색).

14) 이러한 과정은 전통적 사회, 선행조건기(先行條件期), 이륙기(離陸期), 성숙으로의 전진기(前進期), 고도대중소비시대(高度大衆消費時代)의 5단계로 구분된다. 최종단계인 고도대중소비시대에서는 중점이 생산에서 소비, 레저,

급기야 소비영역과 무관한 영역까지 침해하기 시작하는데 바로 거대 복합쇼핑몰의 등장에서 그 조짐을 읽을 수 있다. 이를테면 그 쇼핑몰의 등장은 '공동체의식'15)의 파괴가 아닐 수 없는데16) 우선 대부분의 쇼핑몰 광고에서 기업들은 자기 기업을 낙관적으로 말하지만 가정생활과 지역사회, 일터를 대상으로 하는 광고에선 공동체 자체를 사회적인 낭패로서 개념화한다. 예를 들어 "당신 자신에 대해 먼저 의심해 보시오!", "그리고 부인과 남편 이웃 등을 의심하라"는 문구가 등장한다(Frank Presbrey, 1929, Stuart Ewen, 1976, 최현철, 1998: 100). 이는 구속력 있는 사회적 연대가 없어지고 '무용의 철학(*philosophy of futility*)'이 형성되는 것으로서 공동체란 오로지 소비를 진작시키는 데 효과적으로 활용할 수 있다는 것이다(Stuart Ewen, 1976, 최현철, 1998: 82). 그러나 그러한 매력으로 이끌린 공동체는 지역경제에 전혀 도움이 않되며 오히려 거대기업의 배만 불리는 결과를 초래한다.

　사실 백화점은 복합쇼핑몰과 유사하지만 가격 면에서, 경제력 면

복지문제로 옮겨지며 내구소비재(耐久消費財)의 보급과 노동력구성의 변화, 도시화의 진전 등에 의해서 특성화된다. 이 점에서 본다면 선진 산업사회는 자본주의와 공산주의라는 사회체제의 여하를 막론하고 비슷한 상태에 이르게 된다는 '로스토'의 '경제성장단계설(The Stages of Economic Growth)'도 일리가 있어 보인다(Walt Whitman Rostow(김명윤 역), 1971: 20~29).

15) 시민의식을 설명하는 하위개념은 공동체의식, 주체의식, 질서의식, 인권의식, 비판의식, 책임의식, 봉사의식으로 구성되어 있다. 그런데 여기에서 무엇보다 중요한 것은 이들 의식 모두를 실행에 옮길 수 있는 실천의식이다.

16) 앞에서 언급했듯이 '광고환경'과 '시민환경'이 관계된 비판은 '프랑크푸르트 학파'의 관심과 방법을 미디어 연구에 비판적으로 적용하는 것이고, '신자유주의(neoliberalism)' 입장에서 광고를 바라보는 입장은 광고는 "시장경쟁을 제한하고 자원의 비효율적인 배분을 초래하며, 시장진입의 장벽을 쌓아 독점화를 초래하고, 물질주의적 가치관을 팽배케 해 건강한 사회의식을 훼손한다"는 것이다(Leiss, Kline & Jhally, 1986: 15). 그런데 여기서 건강한 사회의식이란 '시민의식'에 해당하는 것이고 그 의식에 대한 손상에서도 단순히 소비를 유도하는 환경보다 광고의 궁극적인 목표를 '미사여구(美辭麗句)'로 치장하는 그 과장이라는 부도덕함에 있다.

에서 그리 일반적이지 못한 소비 장소다. 따라서 그리 빈번한 출입은 일어나지 않는다. 그러나 거대 복합쇼핑몰은 가격 함수가 낮기에 빈번한 출입이 가능하다. 다시 말해 생계를 위한 최소한의 소비를 얼마든지 할 수 있는 복합성 혹은 종합성 때문에 지역경제는 불균형을 초래한다. 야채가게, 생선가게, 문방구, 의상실, 정육점, 화장품상점, 베이커리, 전파사 등등 이 모든 상점은 지역민 하나하나가 독자적으로 운영하는 시스템이다. 그래서 이들 간의 혹은 소비자와의 원활한 판매와 구매는 지역경제를 원활하게 순환시킨다. 그러나 이들 모두를 한 지점, 즉 복합쇼핑몰에 집중됨은 독자적인 지역 상점들을 파탄에 이르게 하여 지역경제를 붕괴시킨다. 결국 지역의 모든 자본이 지역공동체에 순환되는 것이 아니라 한 기업, 즉 복합쇼핑몰로 집중되는 것이다. 따라서 우리 지역에 거대기업의 복합쇼핑몰이 입성한다는 것은 단순히 선진 유통업체가 있어 그 서비스를 누릴 수 있다는 것보다 지역의 공동체주의가 붕괴됨을 감지해야 하는 것이다.

위와 같은 지적은 두 번째, 프랜차이즈 시스템에서도 마찬가지 인데 현재 국내 거대기업이 운영하는 베이커리와 지역의 독자적인 베이커리상점의 상태만 봐도 알 수가 있다. 거대기업의 프랜차이즈 체인 베이커리는 지역경제와는 무관하다. 단순히 지역의 자본을 가져갈 뿐이며 날로 번창한다. 그러나 지역의 독자적인 베이커리는 지역경제순환에 큰 역할을 하지만 프랜차이즈 체인망에 밀려 지역시장에서 그 경쟁력을 잃어 가는 것이 현실이다. 이는 마치 미국화의 결과로 문화적인 종속국이 되는 것과 마찬가지로 그 규모만 작을 뿐, 지역이 거대기업의 수중에 놓이게 되는 것과 동일하다. 또한 그러는 가운데 광고는 개인주의를 강조하여 지역에 대한 관심으로서 공동체주의를 저지하고 불균형을 촉진시키는 역할을 하여 프랜차이즈에서의 구매만을 강요하는 것이다.

이렇듯 손상된 공동체에 대하여 '톰슨(Denys Thompson)'의 말을 인용하자면 "광고는 삶의 공허감을 은폐시키면서 인생은 즐길 만한 것이라 부추긴다"고 하였다. 이것은 흡사 광고의 공통체적 위력에 의해 남성이든 여성이든 개별 인간이 자신의 잠재력을 계발할 필요성이 없다고 판결 내려진 것과 같은데(Thompson Denys, 1943, Stuart Ewen, 1976, 최현철, 1998: 85), 그러한 판결은 이미 같은 소비 장소, 즉 거대 복합쇼핑몰, 프랜차이즈 체인점을 출입하고 있다는 기형의 공동체의식이 충만한 상태로 간주될 수 있는 것이다. 결국 '공동체의식'이 충만한 민주주의란 대중의 필요나 요구로부터 나온다는 것이 아니라 기업의 책임자들로부터 여과되어 내려오는 '다원화된 가치'를 받아들이고, 이에 참여할 수 있는 대중의 '능력'이라는 식으로 강요되는 것이다(위의 글, 1998: 87).

결국 이 기형능력을 발휘하기 위해서 현재 공교육이 해야 할 일은 소비를 촉진시키고 상품의 다양성을 지켜나가는 것이다. 예를 들어 칫솔을 만드는 회사의 요구에 따라 학교에서는 '칫솔질 연습'시간이 생겼고, 과학시간에는 특정 코코아 제조사가 파견한 사람들이 학생들 앞에서 코코아 제조과정을 시연하는 것처럼(위의 글, 1998: 88) 민주주의적 공동체 교육이란 어린 학생들을 '광고환경'에 일찌감치 노출시키는 것이다.[17] 그렇다면 이 공동체는 손상이 아니라 오히

---

17) 이런 과정에서 '공동체의식'을 위한 순수한 교육은 날로 퇴색된다. 민주주의를 의식적으로 보는 견해들 속에 내재해 있던 핵심적인 정치적 목표는 기업에 의해 지배를 확립하는 것이다. 즉 기업이 설정한 한도와 기업광고가 정치화시키는 한도 안에서만 정치적인 선택이 가능하도록 만드는 구조가 바로 공동체 의식이다. 그래서 사업가들－일부이긴 하지만－은 대중이 가지고 있는 민주주의 역량을 두려워하고 정부의 개입과 감독을 경계하면서 정부와 시민사회가 지금까지 통제해 온 영역을 끊임없이 비방하게 되는 것이다 (Stuart Ewen, 1976, 최현철, 1998: 88). 그 비방은 화려하게 광고환경으로 가공되어 '시민사회'의 민주주의 실천이란 주장으로, 소비실천이라는 '아전인수(我田引水)'의 자격으로 해석되는 것이다. 결국 이는 '시민의식'과는 거리가 먼 주체적 의지를 상실하게 하는 것이고 소비적 사안에 적극성을 띠게 만드는 것이다. 그러나 일각에서는 이 광고환경에 일찍 노출되는 것에 긍정하는 시각도 있다하였다. 이는 합리적 '경제인'으로서 성장하기에 적합하다

려 와해라 볼 수 있다. 왜냐하면 애초부터 개인주의 발휘하는 소비
로만 공교육된다면 공동체는 아예 없었던 존재이기 때문이다.

　　우리는 자기 집에 틀어박혀 프랜차이즈 상품을 소비하면서 큰 물
고기 프랜차이즈 업체들이 우리의 공공장소를 크게 파먹고, 일자리
와 전통과 공터를 집어삼키는 모습을 할일없이 지켜본다. 우리는 누
군가 다른 사람이 나서서 문제를 해결하리라고 생각하고 일과 소비
에만 전념하려고 그들에게 돈을 댄다. 우리는 사람들보다 물건을 선
택하는데, 이러한 선택은 우리를 공동체생활에서 분리시키고, 그러
면 더욱 많은 소비와 더욱 심한 분리를 반복한다(John de Graaf,
David Wann & Thomas Nayl(박웅희 역), 2002: 126).

4. 무너지는 시민공동체, 부상하는 소비왕국

　　요즘사람들은 기업의 공동체의식 고취, 즉 광고캠페인에 너무나도
자발적으로 참여한다. 그래서 대중 스스로 사회적인 논제에 적극적으
로 참여하고 있다는 착각을 불러일으키기도 한다. 그러나 그 안에는
정작 사회가 요구하는 그 어떤 공동체 참여는 없다. 예를 들어 거대
기업들이 기아(飢餓), 암(癌), 실업(實業), 에이즈(AIDS), 참사(慘死),
재난(災難) 등에 대해 경쟁적으로 관여하고 있는데(Mattelart Armand,
1991: 187) 이는 실상 시민들이 자발적으로 참여하는 봉사가 아니라
거대기업의 주도 아래 이를 소비로써 추종하는 기형의 시민참여라
볼 수 있다. 결국 사회자발적 '연대의식'에 시민은 빠져 있고 시장

　　는 것인데 광고환경 그 자체를 소비를 자극하여 소비적 관심에만 전념하는
것이 아니라 모범적 소비교육이 가능하게 하는 환경(김경호, 2003, 문윤수
외, 2005: 4)으로 광고환경이 경제행위의 학습일수도 있다는 주장이다(문윤
수 외, 2005: 21).

(marketplace)[18) 즉, 기업이 들어와 있는 것이다.

이에 대해 '로퍼(Romain Laufer)'는 80년대 '공공영역(public sector)'과 사적인 '기업영역(private sector)'의 공존을 비판했다. 그는 거대한 사적 형태의 기업들은 공공서비스 공급의 위기에 의해 창조된 그 '공백(gap)'에서 국제관계, 정치, 문화, 경제, 미디어를 약화시키는 네트워크를 형성하여 더 깊게 성장한 문화를 통합하는 충격을 이룬다고 충고했다(위의 글, 1991: 197). 그리고 이는 이른바 '공공공해의 산업(industry of public noise)'이어서 위기이지만 저항할 수 없다는 불길한 결론(위의 글, 1991: 197)을 내놓았다. 결국 사회적 모든 사안은 기업에 의해 동원-시민의 참여-되는 것이다.[19)

이러한 기업주도의 공동체의식, 즉 집단적 소비는 애초에 어린 시절부터 학습되는데 이른바 '소비적 공동체'가 형성되는 것이다. 그러나 이 또한 '의사(pseudo)'다. 왜냐하면 아이들의 공동체학습은 기업의 고마움이라는 메시지로 함양되기 때문인데[20) 어린이의 눈높이가 머무는 어디에서든 지역문제해결캠페인이 성행하고 그들에게 참여토록 교육된다. 그리고 그 결과 아이들은 캠페인 추진 기업에 충성스

---

18) 여기서 시장이란 결코 '상업주의'라는 거대하고 명확하지 못한 개념이 아니다. 모든 사회적 사안에 '광고산업'이 침투함으로 구체적인 원인을 말하는 것이다.

19) 앞에서도 언급했듯이 소비향유라는 잘못된 '미국화'는 이때부터다. 1995년 현재 미국인의 소비행태를 조사한 결과 사람들은 그들이 필요로 하는 것보다 훨씬 많이 사들인다고 한다. 그런 태도는 종교, 연령, 인종, 소득, 교육에 상관없이 나타나는데(John de Graaf, David Wann & Thomas Nayl(박웅희 역), 2002: 22) 풍요로운 사회는 어느 영역에서든 무한히 소비, 향유할 수 있는 사회를 말한다. 그러나 그러한 사회에는 풍요에 해당하는 '만족의식'보다는 '불만족의식'이 더 많다(위의 글, 2002: 94). 이는 항상 '계획된 진부화(planned obsolescence)'의 세계-광고산업이 비속적으로 갱신되는 이유-에서 비롯된 것이고 그 진부화는 비교적 이해가 쉽고 빠르게 시민들에게 학습된다.

20) 실 취학 후 어린이들은 평일 하루에 5~6시간을 공교육기관에서 미래시민을 위한 학습을 받는다. 그러나 문제는 나머지 시간 모두가 상업적 메시지, 즉 광고를 통한 소비자학습이 더 많이 이루어지는데 있다.

럽게 보답하는 소비자로 성장하는 것이다(위의글, 2002: 102). 결국 이러한 기업주도아래 성장한 아이들은 사회성찰의 공동체학습보다 신뢰할 수 있는 기업의 스타일로 자신을 성찰하는 미래고객으로 길러지는 것이다.[21]

> '어린이에게 자동차, 휴대전화광고를?' 돈도 없고 구매층도 아닌 어린이의 눈높이에 맞춘 광고가 10년 가까이 장수하고 있다. 국내 굴지 대기업인 현대자동차와 삼성전자는 어린이를 위한 만화광고를 지속적으로 내보내고 있다. 미래의 고객들에게 친근한 기업이미지를 심어주기 위한 고도의 '퓨처마케팅'이다(서울신문, 2004. 3. 2(화). 28면).

공동체지만 기형의 공동체는 계층과 세대에 따라 세분화되기도 한다. 사실 이는 기업이 부여하는 일종의 자격인 셈인데 그 부여는 몰개성적 집단으로 이루어 진다. 그러나 그 집단 내부에는 그 어떤 소통도 이루어 지지 않는다. 다시 말해 공동체지만 서로 경계하고 과시대상으로 삼는다는 것인데 예를 들어 여피(yuppie), 베이비부머(Baby boomer), 보보스(bobos) 써티썸씽(thirty something), 에코부머(echo boomer), X세대(generation X)와 같은 계층을 대신하여 물질이 자산이라 생각하고 물질로써 나를 내세우려는 세대등장이다(James B. Twitchell(최기철 역), 2003: 134). 이들은 철저하게 격리되어 있지만 그래도 답답하지 않다. 왜냐하면 광고를 중심으로 하는 방사형지시가 늘 갱신되어 다가오기 때문이다.

---

21) 그런 어린 시절에 함양된 가치관들은 그런 생활방식대로 우리의 시민의식과 인간적 교류를 소비와 맞바꾸게 만드는 프로그램에 입력시킨다. 이는 '매슬로우(A. H. Maslow)'의 인간욕구의 위계에서 제일 높은 단계에 있는 '메타욕구(meta-need)'의 발휘해야 하는 '상승'과는 반대로 점차 '저차(低次)'의 물질적인 것으로 '하강'함이라 말할 수 있겠다(위의 글, 2002: 198). 결국 '하버마스'의 '생활세계의 식민지화'의 차원을 넘어서 많은 부분 상업적 메시지로 '의식의 식민지화'가 되는 것일지도 모른다.

‘공론의 장’으로서 가상공동체인, 전자대중매체 환경도 소비적 과시의 메시지만 난무한다. 혹여 공동체의 심금을 울리는 메시지라 하더라도 그 심금을 울리는 주목적은 광고주의 의도가 대부분이다. 이른바 ‘공공저널리즘’인, 언론이 시민의 교육자이며 민주주의의 수호자라는 자유언론의 이상적 견해는 신화로 전락했다고 비판되는데(강준만, 2002: 143), 이 또한 대중소비사회에서 유통되는 모든 메시지가 광고경향을 띠기에 그러하다. 따라서 매체의 주변적 존재로서 광고는 매체에 주가 되고 그렇기에 수용자는 민주시민이 아니라 늘 자기 스타일 성찰을 즐기는 소비자로만 남는 것이다. 예를 들어 시민을 위한 것이 아니라 광고주의 심기를 걱정한 자극적 메시지들, 박애(博愛)적 병원다큐멘터리의 사립의료기관 등장, 시추에이션코미디의 등장인물의 신종유행브랜드 소유, 동물사랑 목적의 희귀동물 쇼와 그 동물서식거지를 관광지로 과도한 소개, 명망자의 소비성향의 소개와 특정브랜드 이용의 기사화 등[22] 이러한 메시지 자체는 광고주를 의식한 메시지로 순수광고의 영향력보다 더 큰 소비유도를 유발한다. 또한 요즘 들어 그러한 메시지에 더욱 강화된 것은 메시지가 고학력, 고소득, 중·장년층으로 대표되는 높은 구매력의 인물등장이라는 것인데 이는 고가의 대량소비를 위한 상향평준화(위의 글, 2003: 153)된 계층, 혹은 세대의 공동체 아닌 공동체에 동참하라는 요구일 뿐이다.

이러한 ‘의사(pseudo)공동체의식’ 지적에 대하여 일부에서는 이른바 ‘욕망의 민주화’란 요소가 숨어있다 하는데 이 개념은 누구나 편안하고 사치스럽게 살 수 있는 평등한 권리를 지니고 있으며 이것이야말로 공동체의 궁극적 본질이라 주장한다(Morris Berman(심현식 역), 2002: 151). 그래서 과거엔 접근할 수 없었겠지만 현재 평준화

---

22) ‘간접광고’의 속성을 뛰어넘어 직접 감지할 수 없는 무의식적 미래 소비학습인 것이다.

된 사회욕구를 자극하는 고마운 존재로서 광고는 귀족과 왕족이 소유할법한 사치품도 취득할 수 있게 하는 고마운 존재다. 물론 일면 신나는 얘기다. 그러나 소비적 면에서만 고맙고 신날뿐이지 오히려 그로 인해 물질주의만으로 경도된 민주화는 그 문제가 크다. 그래서 광고를 통한 민주화는 공동체시민으로서 그리 바람직하지 못한 '헛된 욕망의 민주주의'라 보면 되며 그야말로 겉으로만 사람들에게 한없이 부여된 선택권이다. 예를 들어 공동체를 자극하는 모험영화, 자연물, 유명인사의 사랑놀이, 정치스캔들, 한일운동경기집착, 미국스포츠, 인터넷서핑, 등 모두가 소비와 무관한 일상 같지만 모두 소비적 시스템의 연결고리이며 그렇다 보니 소비적인 것에만 고를 수 있는 민주, 즉 '소비놀이의 장'으로 축소된 지극히 협소한 민주 아닌 민주화인 것이다(Kall Lasn(길예경 외 역), 2004: 33). 결국 늘 소비자가 전제된, 광고가 매개된 공동체적 환상은 진정한 시민공동체를 점점 쇠퇴하게 만들고 집단적 소비욕망만을 실천하는 소비왕국이 건설되는 셈이다.

5. 과잉 커뮤니케이션 된 광고

'부어스틴(Daniel J. Boorstin)'의 '과잉커뮤니케이션(overcommunication)'에 가장 적합한 예가 바로 광고환경이다(강준만, 2002: 234). 이른바 '의사사건(pseudo-event)'[23]이라 일컬어지는 이 기형의 공론메시

---

23) 이 '의사사건'의 과잉은 단순히 어떤 영역에서 과잉으로 종결되는 문제가 아니다. 미국의 건설 자체가 광고의 역사였다고 단언하는 부어스틴은 광고야말로 대표적인 '민주주의의 수사학(rhetoric of democracy)'이라고 말한다. 그는 플라톤과 그 밖의 철학자들이 경고한 민주주의 한 가지 위험은 '수사학(rhetoric)'이 '인식론(epistemology)'을 대체하거나 압도하는 것이 있음을 상기시킨다(Daniel J. Boorstin, 1975, 강준만, 2002, 255). 즉 진실한 커뮤니케

지가 매체환경에 과잉 소통된다는 것은 현재는 물론이고 앞으로 개발되는 신종 전라매체의 의미를 무색하게 하는 결과이며 커뮤니케이션의 자유가 수신자에게 무한한 것이 아니라 송신자에게 무한하게 열린 셈이다. 결국 커뮤니케이션의 자유는 반쪽만 해당되는 것이기도 하다.

이러한 문제를 내포한 과잉커뮤니케이션은 크게 두 가지 형태로 존재하는데 하나는 의식적으로 수신자가 과잉된 소통이라 감지하는 '의식적 과잉커뮤니케이션(conscious overcommunication)'이 있고 또 하나는 존재하지만 웬만해선 감지하지 못하는 '무의식적 과잉커뮤니케이션(unconscious overcommunication)'으로 구분될 수 있다.[24] 통념상 고정화된 광고매체와 그렇지 않은 매체들 속에서 광고 송신자, 즉 광고주가 광고임을 밝혀 제시하는 것은 '의식적 과잉커뮤니케이션'에 해당하고, '무의식 과잉커뮤니케이션'은 이를 밝히지 않는 은폐된 형태다. 그리고 본 논의에서 그 은폐성이라는 비윤리적 때문에 '무의식적 과잉커뮤니케이션'이 더 중요한 문제거리로 취급되는 것이다. 결국 그 은폐된 환경에 적극적으로 참여하는 사람들, 즉 수신자는 이유 없이, 불필요하게 친기업적 정서가 학습되는 것이다.

이션 보다 어떤 사심이 존재하는 설득적 커뮤니케이션이 세상을 압도함을 경고하는 것인데, 온통 소비적 설득을 꾀하는 광고라는 커뮤니케이션 때문에 민주주의 상징인 시민적 커뮤니케이션은 손상을 입게 되었다는 것이다.

24) TV광고, 신문광고, 라디오광고, 잡지광고, 교통시설(차량, 탑승시설)의 광고, 무료신문광고, 옥외광고, 비디오광고, 인터넷광고, 홈쇼핑채널, 촉진행사, 구매시점광고, 판촉물 등은 우리가 의심할 여지없이 식별 가능한 광고에 해당한다. 그리고 우리 주위에 지나치게 다량으로 노출되면 과잉커뮤니케이션인 것이다. 그러나 무의식적 과잉은 식별이 거의 불가능하다. '부어스틴'의 '의사사건'은 의심할 여지없는 시민적 기사거리다. 그러나 궁극적 목적은 광고다. 또한 기업의 PR로서 사회사업은 의심할 여지가 없이 도덕성 과시다. 그러나 궁극적 목적은 사후 대량소비에 영향을 미치기 위한 광고다. 그러나 우리는 그러한 커뮤니케이션이 광고과잉이라는 것으로 의식하지 못한다.

〈표 2〉 과잉커뮤니케이션으로서의 광고환경 사례

환경 구분	내 용	세부내용
의식적 광고 환경	소비행사	경품행사 / 가판대행사 / 물류센터직접구매 / 당첨자전화고객감사행사 / 응모행사 / 기념일행사(성탄절 밸런타인데이 등) 시연회(시식회, 시음회, 시승회, 사사회) / 품질 평가설문지 / 소비자모델선정 / 신상품 출시행사 / 브랜드명 공모 / 상설할인매장구매 등
	소비제도	신용카드사용 혜택 / 할인쿠폰제 / 할인카드제 / 할인카드 연계제 / 약정할인제도 구매실적 누적점수제(마일리지) / 할부구매 / 무료혜택제도 세대별 차별혜택제도 / 직업(신분, 커플 등)별 혜택제도 지역별 혜택제도 / 광고청취무료전화제 / 우수고객선정제도 정기적 소비자평가단제도 / 전자뱅킹제도 / 후불제 / 방문판매제도 전화주문만으로의 판매제도(DHC화장품, Amway제품)
	소비촉진물	샘플 / 판촉물 / 정기적 사내, 사외보 간행물 기업로고 쇼핑백 / 행사기념품(T셔츠, 볼펜, 우산, 물통 등) / 달력 카탈로그 / 구매, 계약시 증정품 / 대중문화와 연계된 캐릭터 상품 / 1buy1상품 등
무의 식적 광고 환경	대중문화	영화, 드라마 내의 상품(PPL), 소비 장소 배경 / 콘서트 주최 / 전시회 주최 대중문화물 자금지원 / 후원 시사회 기사화 / 대중스타 상품애용 기사화 대중스타 광고모델 기사화 / 후원사업에 대중스타 참여 간접광고(드라마, 쇼, 오락 등 프로그램) / 광고기사화 등
	후원사업	소비자보호단체 후원 / 전문기관(생명공학기관) 후원 대학연구소 후원 / 소속스포츠구단 보유 / 공공기관(도서관, 박물관, 미술관, 양로원, 고아원 등)후원사업 구매상품 수익금의 일부 소년소녀가장, 장애자 후원 등
	홍보정책	연간 '좋은 광고' 선정 / 브랜드 파워 공시 / 신용카드 활성화 공시 고객만족도 1위 공시 / CI 변경 기사화 / 수상경력 공시 의사사건(소비유도성 기사) 등
	공공사업	화학회사 수질오염개선사업 / 모피회사 동물보호사업 펄프회사 산림녹화사업 / 통신회사 오지 인터넷공급 사업 생명공학회사 식량난극복의 유전공학(GMO, 가축복제)사업 자동차회사 도로교통개선사업 / 정유회사 대기오염개선사업 담배회사의 폐암예방캠페인 / 주류회사의 알코올중독예방 캠페인 등
	미래고객	초중고교 교구 기증(컴퓨터, 악기, 책걸상 등) / 대기업 교내 사업(급식 등)추진 학생 경진대회 / 성인대상상품 어린이 광고(현대 씽씽이) 교내 편의시설 제공(로고 표시된 음료자판기, 로고게시판, 등), DD마케팅 만화영화와 연계된 장난감 사업 / 패스트푸드점 놀이시설 제공 / 패스트푸드점 어린이 기념일(생일, 기념일 등) 잔치장소제공 / 어린이 사생대회 등

<표 2>는 국내에서의 그 과잉커뮤니케이션의 상태를 실제적으로 정리해 놓은 것이다. 우선 첫 번째 의식적 광고환경은 소비라는 경제행위 자체에 참여하면서 겪게 되는 환경인데, 첫째, '소비행사'라는 환경이 있다. 전국적으로 길거리 어디서나 행해지는 거대기업의 '촉진행사'는 시민적 사안을 자극하는 '지역행사'보다 더 과잉되어 있다. 그리고 소비를 자극하기에 충분하다. 예를 들어 특정기업의 신제품에 대한 시연회—시식회, 시음회, 시승회, 시사회—는 단순히 판매촉진을 위한 것이 아니라 신기술 혹은 선진축제문화로 조성되어 지역의 시민성이 충만한 문화행사로 변장된다. 또한 이는 당장을 위하고 단명 하는 문화행사가 아니라 사후 소비적 관심을 끌기에 충분한 기업 자신의 충족을 위한 예언에 불과하다.[25]

둘째 '소비제도'의 경우, 소비라는 경제행위를 좀 더 절약하고 편리하게 할 수 있게 활용되지만 그러한 제도개발의 궁극적 목적은 소비를 더욱더 촉진시키거나 관심을 불러일으키게 하는 데 있다. 이를테면 할인의 목적으로 만든 '할인카드' 제도는 결과적으로 할인된 다량의 소비를 가능하게 하거나 할인을 받기 위해서 소비를 증대시킨다는 것이다. 이는 실질적으로 할인받는 횟수가 증가하게 되고 카드를 사용하면 사용할수록 광고가 자기주변에 폭주하는 것이고 그렇기에 과잉된 광고행위나 마찬가지다(문윤수 외, 2004: 704). 결국 지역의 시민참여의 사회참여제도보다 지나치게 화려하게 조성되기에

---

25) LG telecom의 '소비자 평가단'의 참여가 있었다. 이는 시민의식 혹은 시민적 사안으로서 '소비자보호' 혹은 '소비자운동' 차원의 기업감시로서 이해할 수도 있지만 지극히 특정회사의 품질향상을 위한 것이며, 소비자 운동과는 관련이 없다. 다시 말해 참여하는 자체가 특정 대기업에 봉사한다는 차원이며 정기적 품질 평가는 타사에 비해 우위에 품질전략에 동참하는 광고행위의 일환이다. 그리고 그 참여는 여기서 끝나는 것이 아니라 그 이후에도 LG telecom이라는 상표에 높은 충성도를 갖게된다. 결국 명백히 시민의식 발휘, 즉 소비자보호단체에서 행하는 소비자보호운동에 참여하는 것과는 거리가 멀다.

소비관심의 횟수를 늘리고 시민적 관심기회는 줄어들게 하는 '과잉 커뮤니케이션'이다.26)

셋째 '소비촉진물'의 경우는 그 의미 그대로 소비촉진을 위한 광고 물품이다. 그래서 사람들로 하여금 소비관심을 유발시키고 시민관심 은 줄어들게 만든다.27) 그러나 무엇보다도 알아야 할 것은 이러한 촉 진물이 어린이들 주변에 보다 용이하게 자극되고 그들 수중에 들어 가게 되면 본말이 전도되는데 촉진물을 얻기 위한 구매가 이루어진 다는 것이다. 결국 어린이의 광고환경 친화적 성장은 '제3섹터'로서 의 공론의 장, 즉 '시민사회'환경에 상업적 거대기업이 관여하는 것에 대하여 문제를 제기하지 못하는 성인으로 성장하게 되는 것이다.

다음으로 두 번째, '무의식적 광고환경'은 시민 혹은 소비자에게 액면 그대로 시민적 사안을 생각하는 것, 자극하는 것 같지만 결국 에 소비유도를 위한 광고의 목적이다. 그래도 시민은 그 목적을 전 혀 인식하지 못하는데 그 불감이 더 큰 문제다. 그 첫째의 예가 바

---

26) '엔크린 보너스 카드'는 소비자의 최대의 가치인 절약으로 연결되어 있다. 그러나 이 할인카드의 활용은 할인대상의 제품들로만 통제적 구매를 강요하 게 되며 할인되는 제품의 빈번한 구매로 소비 횟수를 늘린다. 또한 카드할 인의 연계는 시민의식의 하위개념인 지역의 공동체의식의 위협하기도 하는 데 이는 지역경제를 위협한다는 뜻이다. 예를 들어 지역의 고유제빵상점은 보너스 카드와 연계되는 거대기업의 제빵가게 체인점으로 인하여 사라지게 되며 그 지역의 공동체를 흐려놓는 결과를 낳는다. 같은 사례를 Ann Satterthwaite는 그의 저서 "going shopping"에서 미국사회의 거대한 쇼핑할 인몰의 등장과 그에 따르는 광고환경이 거대기업 하나만으로 집중, 확장됨 으로서 지역커뮤니티의 붕괴를 경고하고 있다.

27) '맥도날드'나 '버거킹'과 같은 거대 패스트푸드 기업은 월트디즈니 만화영화 개봉에 맞춰 마케팅을 벌이는데 영화 속 주인공 장난감을 어린이 세트메뉴 주문 시 사은품으로 제공한다. 이는 효용을 위한 소비가 아니라 사은품의 취 득을 위한 소비로서 어린이들에게 학습된다. 또한 이 기업이 어린이들에게 제공되는 놀이터와 생일파티는 어린이의 일상이 특정기업과 매개되어야 한 다는 맥락이다. 결국 어린이들의 모든 일상생활을 어려서부터 특정거대기업 으로 전이시키는 것인데 이는 시민으로서의 성장과 배치되는 것이다. 결국 이들의 일상생활은 늘 거대기업이 개념화한 일상으로 집중되며 그 성장의 결과는 특정기업에 충성스런 소비자성장으로 보지 시민성장이라 볼 수 없다.

로 '대중문화'를 들 수 있다. 문화의 주체자는 관객, 시청자, 독자라 볼 수 있지만 사실 그 주체는 사실 광고주다. 이 광고주는 때론 '대중문화'의 수준을 향상시키게 하는 '자금력'을 자랑하기도 하지만 그 이면에는 분명 소비환경조성이라는 광고목적이 있다. 그렇기에 대부분의 대중문화 체험은 구매해야 가능한 것이며 그렇기에 대중문화가 아니라 소비문화인 것이다. 이를테면 국내 '대중문화' 컨텐츠에 관여해서 영화 속에서 PPL기법[28]을 활용한다든지, 의도적으로 드라마에 특정회사 신제품을 등장시킨다든지 새로이 특정지역에 입점한 백화점, 할인점 등의 소비 장소를 쇼, 드라마 등의 배경으로 삽입하여 활용한다든지, 특정상품을 애용한다든지 하는 것 등등 그 자체가 하나의 대중문화 장르로 보이도록 하는데 '마케팅'에서는 이를 '간접광고'라 하여 그 효과를 전략화 하기도 한다.[29] 그러나 이는 불필요한 대중문화이며 더욱이 불법메시지이기에 정보도 아니다. 결국 명백한 '과잉커뮤니케이션'이다.

무의식적 광고환경 둘째, '후원사업'은 사람들로 하여금 광고환경 식별을 더욱 힘들게 하는데 그 이유는 시민들의 몫이라 보는 시민의식행위 자체를 대신 해주는 것처럼 고맙게 조성되기 때문이다. 예를 들어 소비자관련단체나 소년소녀가장 돕기, 자금후원, 대학재정후원,

---

28) product placement의 약자로서 영화 속에 제품을 등장시키기 위해 수수료를 지불하는 것(William F. Arens(리대룡 외 역), 2002: 539)이다. 광고학에서 이는 각광받는 광고기법중에 하나다. 특히 CSR(Corporate Social Responsibility) 차원에서 이는 기업생존조건으로서 적극 권장하기도 한다.

29) 지난 2004년 6월부터 8월까지 서울방송에서 방영한 드라마 '파리의 연인'은 노골적으로 간접광고의 극치를 보여주기도 한다. 특정 해외여행지의 소개에서부터 특정기업의 신제품, 특정한 쇼핑장소에 이르기까지 소비자극을 위한 메시지 모두까지 방영시켰다. 특정한 거대기업을 제시하지는 않았기에 광고라 보지 않지만 메시지 첨가 자체가 특정 거대기업을 유추하기에 충분하다. 그래서 사람들은 드라마를 시청함으로 해서 대중문화 컨텐츠 하나를 감상하는 것이 아니라 소비를 위한 관심이 자극되는 것이다. 결국 이러한 광고환경은 문화감상을 뛰어넘는 광고목적이지만 그 식별이 어렵다.

연구소후원, 공공성 회복을 위한 공모행사 개최[30] 등이 있고 이뿐 아니라 교육기관으로서의 학문적 영역에서부터 소비자관련단체의 광고감시영역에 이르기 까지 불필요한 '과잉커뮤니케이션'이 일어나는 것이다. 특히 '자금력'으로 기업후원 연구소의 경우, 질 높은 대학 내 성과와 학문업적이 이루어지고 있는데 결국 그 명성은 '후원자'에게 돌아가고 소유하게 된다.

셋째, '홍보정책'인데 가장 대표적인 예가 바로 '의사사건(pseudo-event)'이다. 이는 특정기업의 '좋은 광고' 선정, '브랜드파워 1위'에 대한 기사화부터 기업 CI변경에 이르기까지 다양하지만 '기사'라는 시민적 사안과 같이 취급된다는 것에 문제가 있다.[31] 결국 이 또한 시민적 사안이 논의되어야 할 '공론의 장'에 상업적 메시기가 자리를 차지하는 것으로 광고의 '과잉커뮤니케이션'이다. 그러나 공중은, 시민은 이를 기사로 수용하여 잠재적 소비욕구를 품게 된다.

넷째 '공공사업'의 경우는 앞선 후원사업과 유사하지만 명백히 상이한 광고환경 조성이다. 앞선 후원사업이 공공의 시민적 사안을 소

---

30) KT&G는 대학생들에게 이른바 '상상예찬'이라는 주제로 매년 광고물 자체를 공모하고 있다. 그리고 대학생들은 자신의 창의력을 기업에게 기꺼이 내어준다. 그러나 그 공모는 기업의 본질과는 전혀 상관없는 것이며 담배회사의 부정적 이미지를 극소화하고 대학생소비자에 대한 담배판매를 증대시키기 위함이다. 그리고 여기서 무엇보다 중요한 것은 그러한 창의적 발상의 공모 자체가 특정기업이 사회적 관심을 행하는 것으로 소비자 혹은 시민에게 인식된다는 점이다. 결국 KT&G라는 기업은 대학생이라는 젊은 세대들에게 긍정평가 되고 이에 대한 시민들은 KT&G를 긍정적으로 평가해 사회적 책임을 행하는 윤리적 기업으로 인식된다.

31) 2005년 4월 '대한항공'은 승무원들의 제복을 변경하였고 이를 기사화했다. 그러나 이는 명백히 기사 혹은 사건이 될 수 없는 의사사건에 해당하거나 의도적인 홍보의 일환이다. 그러나 MBC 뉴스데스크에서는 기사로서 기사화했다. 결국 시청자들은 특정기업, 대한항공의 소비대상으로 인식된다. 또한 2004년 '한국 맥도날드'에서는 장애인－다운증후군－을 고용하는 자체를 기사화한 사례가 있다. 결국 이는 사회적 문제에 대한 책임감을 보여주는 기업으로, '한국 맥도날드'가 시민적 사안의 해결자로 오해된다. 그러나 이는 분명히 소비유도의 광고환경 조성에 불과하다.

극적으로 '참여' 혹은 '후원'하는 광고라면 공공사업은 시민적 사안을 적극적으로 '해결'하는 거대기업광고에 해당한다. 이를테면 화학회사의 수질오염개선사업에서부터 주류회사의 알코올중독예방 캠페인에 이르기까지 기업윤리차원에서도 '사회적 책임'의 일환이 아닐 수가 없다. 그러나 이 또한 기업의 주체적 몫은 전혀 없다. 다시 말해 이러한 캠페인의 주체는 '시민'이어야 하고 상업성을 궁극적 목적으로 하는 기업은 오히려 시민의 감시대상이 되어야 한다. 그래서 기업이 주체가 된 공공사업 추진은 시민 주체적 관심—수질오염, 알코올중독의 사회적 문제 등—자체를 저해할 뿐만 아니라 시민적 사안에 대한 문제 자체를 거대기업에 내맡겨 버리는 무책임한 시민, 아니 소비자로 전락하는 것이다.[32]

마지막으로 '미래고객'의 경우는 현시점에서 공중 혹은 시민의 인식을 위한 광고환경 조성이 아니라 미래적 관점에서 의식을 통제하려는 치밀한 광고 전략이다. 이는 성인을 대상으로 하는 광고를 하향조정시켜 어린이 취향으로 전환한다든지, 교육기관의 관여로서 초·중·고교 교구기증, DD마케팅(District Distribution Marketing)에 이르기까지 미래의 특정 거대기업에 반감 없는 고객으로 길러내기 위함이다.[33]

---

32) '유한킴벌리'라는 기업의 도덕성을 의심하는 소비자 혹은 시민은 없다. 그렇기에 그 회사제품에 대한 사람들의 충성도도 갱신하려 하지 않는다. 이는 지난 수십 년간 '우리강산 푸르게 푸르게'라는 슬로건을 갖고 주체적 공공사업자로 자리매김했기 때문인데 그 슬로건대로라면 언제 어디서든 자연보호를 펼쳐야 하고, 펼치지 않는다 하더라도 훼손해서는 않 된다고 본다. 그래서 펄프의 원료를 생산하는 동남아지역의 자연보호와도 관련이 있어야 한다. 그러나 유한킴벌리는 동남아의 자연훼손을 하는 기업이며 동남아 자연보호사업 추진도 의심스럽다. 결국 유한킴벌리의 자연보호의 주체적 추진은 광고환경으로 작용하여 시민들로 하여금 기업을 감시하는 비판의식을 사라지게 하고 자연보호는 유한킴벌리가 담당하는 것으로 그 시민적 관심을 종결해 버리는 꼴이다. 결국 사람들은 그 기업의 상품구매가 자연보호를 실천하는 길이라도 생각한다.

33) 최근 '현대자동차'의 현대 '씽씽이' 캐릭터는 자동차를 구매하는 성인이 대

　결국 현대의 광고는 시민이 광고경로, 광고메시지를 감지하지 못하게 하는 경향을 지향하기에 더욱 무의식적 차원에서의 과잉커뮤니케이션이 지적되는 것이고 이를 좀 더 확대 적용하면 '광고윤리(advertising ethics)' 문제로서 접근되는데 수신자가 원하지도 않는데 소통시키는 과잉으로서의 광고메시지는 분명 커뮤니케이션 거부라는 수신자의 커뮤니케이션 권리를 무시하는 비윤리적 처사다.

6. 광고신문

　비판사회학이론을 관통한 광고사회학의 광고평가는 상당부분 추상적인 이론으로 머물러 있다. 그래서 대부분의 광고사회학 논의들은 그 한계를 벗어나지 못하고 있는데 이는 실제적 사례를 지속적으로 제시하지 못해서 그러한 것이다. 그런 의미에서 최근 개발된 광고매체, '무료신문(free paper)'은 광고사회학의 가장 최근의 실제적 사례라 볼 수 있다. 이 '무료신문'34)은 일명 '무가지(無價紙)'라 통칭되며 일반 신문과는 달리 전적으로 광고주에 의해서 통제받는 매체라 볼 수 있다. 국내에서는 2002년 5월 31일 '메트로'지가 처음 창간되었으

　　상이 아닌 미래소비를 위한 광고환경이다. 이는 어린이를 대상으로 하는 광고인데 그 의도는 현대자동차에 대한 긍정적인 인식을 어린 시절부터 각인시키기 위한 것이다. 그리고 무엇보다 큰 문제는 이 어린이들이 경제력이 허락되는 성인이 되어서도 특정기업의 상품을 소비해야 하는 충성스런 소비자가 되는 것이거나 그 회사에 입사를 희망하는, 그 기업을 선망하게 되는 것이다. 결국 어린 시절부터 이러한 관심은 시민적 관심 저해와 무관하지 않다.

34) 무료신문은 '무가지', '무료일간지', '무료신문' 등으로 다양하게 그 명칭이 혼용되고 있다. 그래서 통일된 개념이 요구된다(신일기, 2005, 김준석, 2006: 18). 그러나 본 교재는 '무료신문' 표기가 가장 일반적인 개념이라 판단하여 이를 사용키로 한다.

며(김준식, 2006: 19) 2006년 7월 현재 지하철역 주변에 타블로이드 크기 4종-메트로, 포커스, AM7, 데일리 줌-이 배포되고 있다.[35]

사실 무료신문의 기원은 미국의 중소도시, 시·읍·면 등의 한정된 지역주민에게 정보를 전하기 위해서 탄생했으며 지역에 유력한 미디어로서 보통 2종류로 분류된다. 그 중 하나는 '쇼퍼(show-per)'라고 불리우는 것으로 지역가정에 무료로 배포하는 것인데 이는 광고 게재료를 주 수입원으로 하여 상업목적의 주간지이다. 국내에는 벼룩시장, 교차로 등이 있다. 또 하나는 '프리커뮤니티 뉴스페이퍼(free community newspapers)'라 불리는 것으로 특정한 공동체나 한정된 지역에서 목적에 따라서 갖가지 정보를 전하는 지역공동체 미디어다(naver 백과사전 2006, 7월 21일 검색). 그리고 우리의 메트로, 포커스 등이 바로 여기에 해당된다.[36]

'쇼퍼'와 '프리커뮤니티 뉴스페이퍼', 두 신문의 형태 모두 주류신문의 취약한 하위 지역공동체의 커뮤니케이션으로서 그 체계가 보다 활발하게 이루어지는 것이 궁극적 목적을 두고 있다. 그리고 그 생성기원도 그러하다. 그러나 국내에서 발행 중인 무료신문은 그와 다른 속성을 갖는다. 우선 주류신문을 대신하는 하위 커뮤니케이션으로서 지역의 경제활동이나 지역주민의 커뮤니케이션과는 거리가 멀다. 오히려 상업적인 쇼퍼의 성격을 갖는 '벼룩시장', '교차로' 등이 이를 대신하고 있는 실정인데 이들은 엄연한 쇼퍼이며 일반신문의 공공성과는 다소 거리가 있다. 결국 문제는 프리커뮤니티 페이퍼로

---

35) 지하철역 부근에서 배포되는 형태의 '무료신문'의 최초는 99년 영국 어소시에이티드 뉴스페이스가 창간한 '메트로'이며(Tara Pepper, 2006: 32). 국내에는 95년 스톡홀름에서 통근하는 시민들에게 배포되던 메트로 인터내셔널-영국의 메트로와 무관-이 수입되어 2002년 5월 31일자로 창간을 시작하였다(김준식, 2006: 19).

36) 최초의 국내 무료신문은 83년 서울강남 영동아파트 일대에서 발행된 '리빙뉴스'라 할 수 있다(문호근, 2005: 10).

서 국내 지하철역 주변에서 배포되는 무료신문이 그 생성의미와는 다르게 광고의 과잉커뮤니케이션이 심각한 수준에 있다는 것이다.

두 번째, 무료신문의 그 내용 면에서도 지역적이지 못하고 전국적이며 글로벌하기까지 한 '종합일간지'의 성격을 띠고 있다. 이는 기존의 주류신문이 거대기업광고주를 대상으로 하는 제도와 유사하여 현재 주류신문에서 지적되고 있는 문제를 그대로 답습하고 있다. 결국 지역성이라는 무료신문의 최대 장점을 드러내지 못하고 있기에 그 매체 생성명분의 절실함이 결여되어 있다고 보며 그렇기에 그 생성 자체가 과잉커뮤니케이션으로 간주될 수 있는 것이다.[37]

세 번째, 무료신문은 주류신문의 문제점으로 지적되는 '섹션화(sectionization)'의 문제점[38]을 그대로 모방하면서도 그 섹션화는 유독 소비정보－결국 광고팽창－에 지나치게 치중하고 있다. 이는 대중매체를 통한 대중 커뮤니케이션 기능에서 오락적 기능, 더 나아가서 소비오락기능에만 치중하고 있다고 볼 수 있는 것으로 공공성으로서의 매체와는 구별되며 내용의 80% 이상이 광고에 해당하는 잡지와 유사한 형태를 보인다. 또한 기사내용에서도 광고이면서도 공공적 논제인 것처럼 꾸며지는 기사가 대부분이어서 독자를 위한 구성이라기 보다 광고주의 사심을 위한 구성이다. 결국 이 신문의 독자는 공중으로서 독자로 취급받는 것이 아니라 군중으로서 소비자로

---

37) 일반유료신문의 광고격감과 구독자의 감소를 불러와 신문산업과 신문시장 전체는 침체기를 맞고 있다. 그런 이유로 혹은 그에 가세를 하듯 무료신문의 생성은 그 시장에 더욱 악영향을 끼치고 있다(문호근, 2005: 11). 결국 이러한 현상도 '하버마스'의 '생활세계의 식민지화'이고 그에 따른 '부어스틴'의 '과잉커뮤니케이션'인 셈이다. 이는 사회적으로 공중으로서 독자의 역할이 부재한 결과이다.

38) 통산 신문매체의 섹션이라 함은 일정한 성격을 지닌 지면을 별쇄로 꾸미는 것을 의미한다고 볼 수 있는데 이 섹션제 도입 배경은 기사화 광고의 증대를 의미한다(김신동, 1998: 77). 결국 이는 불필요한 상업적 커뮤니케이션의 과잉을 위한 것으로서 광고주의 무임승차, 무의식적 광고노출 열망에 부응하는 것이다.

취급받는 것이 더욱 적당하다(Tara Pepper, 2006: 33)

마지막으로, 배포방식 면에서 경제활동을 하는 사람들에게만 한정되어 배포되는데 본 신문은 배포시간과 장소가 너무나도 한정되어 주요 지하철역 주변에 오전 7시부터 9시까지 출근시간대에 배포되고 일괄 철수된다. 이는 내용 면에서 지나치게 소비정보 섹션화 이유이기도 한데 바로 소비력인, 경제력이 존재하는 도시 젊은 통근자, 즉 소비자만을 대상으로 하고 있기에 그렇다. 또한 무엇보다도 중요한 것은 본 매체의 생명력은 짧지만 회독률이 높다는 것인데 무료인 만큼 독자들의 수중에서는 몇 분 내로 사라지지만 통근 공간 내에서 하루 동안 버려진 무료신문은 높은 '회독률'을 보이고 있다. 결국 이러한 과정은 극도의 전략적 광고마케팅의 결과여서 철저하게 광고주의 입장에서 개발된 광고매체이지 공공성이 강한 프리커뮤니티 신문은 결코 아니다.

사실 본 매체의 생성은 독자를 위한 것, 독자의 열망이라기보다 광고주의 열망에 부응한 것이라 볼 수 있다. 다만 그래도 독자가 찾는 이유는 무료라고 하는 편익 때문이다.[39] 물론 일반유료신문의 보편화가 무료에 가깝게 광고라는 제도도입으로 가능한 것이었고 그래서 광고의 공로가 지대했다고 본다. 그러나 본 무료신문에서의 광고개입은 너무나도 지나치다. 현재 유료일반신문이 독자에게 저렴하게라도 거의 형식적인 비용을 요구하는 이유는 바로 신문의 객관성 혹은 공공성을 유지하기 위해서다. 이는 다시 말해 합리적인 대중 커뮤니케이션 유지를 위해서이며 매체의 주인이 공중, 혹은 독자라는 것을 보여주기 위함이다. 그러나 무료라는 편익의 무료신문은 모든 커뮤니케이션의 공공성 원리를 붕괴시켰고 무료인 만큼 매체 내에

---

39) 아침 통근자를 위해 조간유료일반신문이 있고 통근자가 쉽게 취득하게 하기 위하여 지하철승강장, 입구 등등에 신문가판대가 설치되어 있다. 이러한 시스템을 무료신문이 대체할 이유가 없다. 따라서 무료신문은 특화현상을 야기하는 신매체로 볼 수 없다.

독자의 발언권은 있을 수 없거니와 참여할 명분도 없다. 한 연구에서는 이 무료신문이라는 등장에 대하여 기존 매체가 지니지 못한 기능을 찾아 특화되는 '매체특화현상'(정열우, 1995, 문호근, 2005: 45)으로서 매체진보를 예찬하는데 사실 그 기능은 애초에 기존신문이 더 완벽하게 갖추고 있었다. 결국 본 매체생성의 궁극적 목적은 매체진보와는 무관하고 오히려 광고가 모든 영역에 무분별하게 팽창, 확장되는 과잉커뮤니케이션의 결과라 볼 수 있다.[40]

결국 본 신문 생성의 궁극적 목적은 바쁜 통근자에게 세상 돌아가는 일을 객관적으로, 심도 있고, 빠르게, 특히 무료로 제공하기 위해서라기보다는 경제력, 즉 구매력이 왕성한 젊은 소비자들에게 광고노출을 목적으로 개발된 매체라 볼 수 있고 그래서 광고주의 윤리성과 직결되어 있다. 더욱이 공공성의 대중 커뮤니케이션 차원에서라면 생성될 절실한 명분은 거의 없다. 결국 본 신문을 일반신문이라기보다는 '카달록' 혹은 광고를 싣기 위한 '전단지'로 보는 것이 더 타당하다.

---

40) 또 다른 연구에서는 기존 일반유료신문의 가사가 '심층성', '편파보도' 그리고 '왜곡된 신문시장'으로 무료신문 시장형성에 정당성을 부여하고 있기도 한데(고광일, 2005: 43) 일반신문기사의 '심층성'은 독자의 접근을 용이하지 못하게 하는 요인이라고 보지 않는다. 오히려 이를 꺼리거나 무료신문 선택 이유로 지지하는 독자에게 문제가 있다고 보며 그러한 지양을 지지하는 매체환경까지 동시에 지적되어야 한다고 본다. '편파보도'에 있어서도 무료신문은 본의 지적으로서 유독 친기업적인, 상업적 편파보도를 하고 있는데 이는 '언론윤리' 면에서 일반유료신문의 이념적 편파보다 그 문제가 더욱 심각하다. 결국 현재 무료신문은 신문시장의 왜곡을 더욱 심화시키고 있지 정상화를 꾀한 결과라 볼 수 없다.

7. 소비자주의의 이해

　　방 안에는 거대한 산처럼 고기가 쌓여 있었다. 비가 새는 지붕에
는 고기 더미 위로 물이 떨어지고 있었다. 그 위로 수많은 쥐들이
경주하듯이 뛰어다니고 있었다. 이 창고 안은 너무 어두워서 잘 볼
수 없긴 하지만, 한 남자가 고기 더미 위에서 손을 움직여 손아귀
가득 마른 쥐똥을 치우고 있었다. 이 쥐들은 고기포장 작업의 방해
물이었기 때문에 포장하는 사람들은 쥐를 잡기 위해 쥐약 섞인 빵
을 놓아두었으며, 쥐들이 죽으면 죽은 쥐와 쥐약이 섞인 빵과 고기
가 한꺼번에 소시지 깔때기 속으로 들어가곤 했다. 어둡고 수증기가
꽉 찬 방에서 일하는 사람들이 때때로 거대한 요리 통 속으로 빠지
기도 하였는데 그들이 통 밖으로 건져졌을 때 온전한 시체를 전부
찾을 수 있는 것은 아니었다. 간혹 여러 날 동안 그대로 빠져 있기
도 하여 그 후 그들이 뼈를 제외한 모든 '듀람사'의 순수한 돼지기
름으로 시장에 등장하였다(이기춘 외(Robert N. Mayer), 1996: 26).

　　대량 생산되는 상품에 대한 소비자 피해구제제도가 마련된 역사는
그리 길지 않다. 특히 우리나라의 경우 60, 70년대 주부들의 노력으
로 법제화될 수 있었으나 사회적으로는 오히려 이를 대량생산의 효
율성에 걸림돌로 취급하는 경우가 많았다. 특히 그 대량 생산된 제
품을 대량 소비시키기 위해 고안된 광고는 이 문제의 가장 중심에
있으며 광고의 화려한 이면에 드러나는 품질불량, 생산공정과의 괴
리, 과장, 허풍 등은 사회적으로 커다란 문제로 남아 있었다. 결국
우리나라의 경우 1987년 '한국소비자보호원'이라는 특수공익법인 설
립으로 광고의 공식적 제동이 걸리기 시작했다.

　　광고사회학에서 가장 실제적 사례는 바로 '소비자주의(Consum-
erism)'의 실천인데 이 소비자주의란 대량생산, 대량판매, 대량소비인
오늘날의 경제구조에서 생산자와 대등하지 못한 소비자의 지위를

정부 혹은 공공기관이 나서서 대등하게 조정하기 위한 이념이다(김영신 외, 2000: 9). 우선 그 전면에는 광고가 있는데 그 이념대로 라면 정보의 비대등성이다. 일단 광고에서 제시하는 소비정보는 대등하지 못한 일방적 정보다. 다시 말해 대량 생산되는 상품에 대하여 광고가 제시하는 메시지 모두는 상품을 돋보이게 하기 위해 가공된 것이다. 그래서 소비자에게는 정보라기보다는 편향된 제안일 뿐이다. 결국 이러한 완전하지 못한 정보에 경제적 피해를 입거나, 생명의 위협을 느끼거나 혹은 사망에 이른다면 그 문제는 심각한 것이기에 소비자주의가 가동된다.

광고사회학에서 전개하는 두 번째의 소비자주의는 단순히 소비자 보호에 머무는 것이 아니라 대량생산, 대량판매, 대량소비로 인한 '지구환경오염'이다. 대량소비는 지구환경에 위협의 주범이기도 하다. 예를 들어 대량 생산된 자동차를 대량 소비시켜 자동차의 대중화를 가능케 한 광고는 대기오염이라는 환경문제에 중개역할을 한 셈이다. 뿐만 아니라 대량쓰레기, 지구온난화, 자원낭비·고갈, 대기오염, 생태계파괴, 생명위협 등에서도 마찬가지여서 광고란 우리에게 세련된 편리함만을 제공하지는 않는다. 결국 사회적으로 대량소비를 돕는 광고는 사회를 경제적으로 왕성하게 작동시키는 힘뿐만 아니라 환경적으로 급속도로 파괴하는 역할도 담당하고 있다. 그런 이유로 생겨난 개념이 바로 '어플루엔자(Affluenza)'다. 이는 병적으로 끊임없이 더 많은 것을 추구하는 태도(박웅희(John de Graaf, David Wann & Thomas Naylor), 2002: 20)로서 광고사회학적 문제를 본격적으로 대변하는 것이기도 하다. 예를 들어 쓸 만한 셔츠가 몇 십 벌이 있어도 구매를 멈추지 않는다는 것인데 일명 '소비중독'이라 일컬어지기도 하며 개인적인 취향으로 끝나는 것이 아니라 사회적 낭비, 그리고 결국 환경오염으로 전개되는 것이다.[41]

광고에서 중년남자가 두 팔을 휘저으며 숲 속을 걸어 다니는 모습을 보여준다. 그러다 다음 장면에서 갑자기 숲을 배경으로 뒤쪽 포치에 꽤 큰돈을 들여 설치했을 법한 러닝머신 위에서 걷고 있다. 이해가 안 가는 행동이다. 숲 속에서 거니는 것이 훨씬 유익할 뿐더러 돈도 전혀 들지 않는다(박웅희(John de Graaf, David Wann & Thomas Naylor), 2002: 29).

세 번째 소비자주의의 문제는 바로 대량생산을 매개로 하는 광고는 그 속에 숨겨진 노동문제를 좌시한다는 것인데 이는 소비자들이 알아야 하는 정보에 해당하며 공동체문제이기도 하다. 예를 들어 커피광고는 그 광고에 숨겨진 커피재배 국가의 심각한 노동착취문제가 전혀 없다. 특히 어린이들을 노동에 자연스럽게 내모는 다국적 기업의 부도덕성은 어제오늘의 일이 아니다. 결국 광고는 제3세계 어린이들의 불법노동을 돕는 셈이다.

결국 광고사회학에서의 논제를 사회로 끌어들이는 실질적 대상은 바로 '소비자주의'다. 이 소비자주의는 단순히 소비자 피해문제만을 다루는 것이 아니라 광고와 관련된 모든 사회문제를 다루게 되어 '신사회운동'의 한 분야로서 적극 수용되기도 한다. 애초에 개인적 낭비를 자제하는 '아나바다'운동에서부터 사회적 낭비를 걱정하는 '아무것도 사지 않는 날'에 이르기까지 그 적용범위가 다양한 만큼 소비자주의의 발생배경에서의 광고위치, 광고피해문제와 그 해결,

---

41) 이런 이유로 생겨난 캠페인이 바로 '아무것도 사지 않는 날'이다. 한국엔 1999년부터이며, 1992년 캐나다에서 테드 데이브(Ted Dave)라는 광고인에 의해 처음 시작되었다. 해마다 11월 마지막 주에 열린다. 그는 '자신이 만든 광고가 사람들로 하여금 끊임없이 무엇인가를 소비하게 만든다.'는 문제의식을 갖고 이 캠페인을 시작하여 과소비의 유혹에 맞서는 행동의 장을 마련하였다. 한국에서는 1999년부터 녹색연합이 주축이 되어 이 캠페인을 벌이고 있다. 이 캠페인이 열리는 날에는 다양한 나라와 도시에서 쇼핑하는 대중들이 그들의 소비행위를 다시 한번 생각하게 할 수 있도록 여러 종류의 집회와 거리공연, 퍼포먼스 등 다양한 행사를 펼친다(Naver 백과사전 검색 2007년 1월14일).

광고제재를 위한 법규, 광고와 지구환경, 소비사회로서의 광고, 광고와 노동의 역학관계, 광고와 소비자운동, 광고와 청소년 경제관, 소비중독 등에 이르기까지 다양하다. 그리고 그 논제들을 실천하는 현재 국내의 시민단체는 '광고소비자시민연대' '경제정의실천시민모임' '민주언론운동시민연합' '한국여성민우회' '소비자시민모임' '한국소비자단체협의회' '바른 사회를 위한 시민회의' '한국소비자연맹' '함께하는 시민행동' '환경정의' 등의 있으며 무엇보다도 이들을 돕거나 광고생산자와의 관계를 중재 혹은 조정하는 정부기관으로는 '문화관광부' '정보통신부' '공정거래위원회' '한국소비자보호원' '한국방송위원회' '한국방송광고자율심의기구'가 있다.

8. 자신의 생활세계 상태

생활세계는 공공영역이다. 공공영역은 정부나 기업이 침투할 수 없는 제3섹터의 시민영역으로서 시민성이 충만한 공간이다. 그러나 이 '시민영역'은 물리적 공간만을 지칭하는 것이 아니라 대중매체에서, 거리에서, 시민단체이념에서 감지되며 무엇보다도 시민들의 의식, 즉 '시민의식'에서도 그 감지가 가능하다. 이를테면 TV의 드라마, 뉴스 등의 프로그램시간은 공공성이 충만해야 할 시민영역이고 광고시간은 비시민영역인, 상업영역이다. 앞선 무료신문에서의 지적대로라면 무료신문은 시민영역이 아니다. 지하철이라는 교통수단은 시민영역이다. 그래서 광고판보다 공공정보-안전사고 대비, 대피요령, 행선지 등-점유율이 높아야 한다. 결국 이러한 문제의식 자체 소유를 의식적 시민영역이라 할 수 있다.

그런 의미에서 사람들은 자신의 의식적 시민영역, 즉 생활세계상태가 어떠한지 알아볼 필요가 있는데 자신의 의식 속에 생활세계가 존재하긴 하는지, 존재한다면 그 상태는 어떠한지 '광고의 사회학'을 체감할 수 있을 것이다. 만약 자신이 공공성보다 상업적 정보를 더 선호하거나 기억하고 있다면 이는 '하버마스'의 지적대로 자신의 '생활세계'가 누군가에 의해 손상되어 식민지화된 상태라 볼 수 있으며 이는 다음 측정질문지를 통해 직접 점검해 보길 바란다.

다음에 제시되는 100개의 문항(상업성50, 공공성50)은 자신의 생활세계 상태를 점검하는 것이다.

자신이 맞힌 정답 수에 2를 곱해 100점 만점의 백분위로 체감할 수 있다.

	상업성 정보질문		공공성 정보질문	
번호	질문내용	정답	질문내용	정답
1	우리나라 대표브랜드는		옆집의 성씨는	
2	생각만 해도 기분 좋은 차는		우리 시의 시장이름은	
3	무슨 생각이 대한민국을 움직이나		우리 고장의 양로원 수는	
4	갖고 싶은 번호는		서울시내 버스 색상의 차이 이유는	
5	누구의 변신은 무죄인가		우리 시의 사장소속정당은	
6	어떤 브랜드를 입고 just do it 해야 하나		지난번 내가 뽑은 시의회 후보자는	
7	오래오래 입고 싶으면 어떤 세탁기를 사나		우리고장 대표 봉사단은	
8	무슨 아이스크림케익으로 100일을 축하하나		조선시대 우리고장 명칭은	
9	눈으로 마시는 맥주는		우리 시가 자매결연 맺은 도시는	
10	게맛을 아는 탤런트는		우리 시의 시립합창단 명칭은	
11	무슨 카드가 경제능력을 보여주나		우리 시의 쓰레기봉투 값은	
12	열심히 일한 자는 무슨 카드를 갖고 떠나야 하나		우리고장의 소비자단체 위치는	
13	꼭 찍어서 먹어야 하는 요구르트는		우리 시의 상징나무는	
14	며느리도 모르는 고추장은		우리 지역 성폭력 상담기관 위치는	
15	국물이 끝내주는 라면은		우리 지역 유형문화재 하나만 고른다면	
16	내게 힘을 주는 카드는		쓰레기 수거날짜는	
17	손이 자꾸만 가는 스낵은		동네 어르신을 만날 수 있는 장소는	
18	아름다운 사람들이 운영하는 항공사는		우리 지역의 장애인 단체 명칭은	
19	전자제품 살 때 가야하는 곳은		우리 시의 상징 새는	
20	깨끗한 생리대는		내가 후원하는 시민단체는?	
21	천연 암반수 맥주의 이름은		우리 시의 인구수는	
22	정(情)을 건네는 파이는		우리 지역의 가장 시급한 문제는	
23	대한민국 미남미녀는 무엇으로 세수하나		차기 구청장으로 추천하고 싶은 사람은	
24	명예를 지키는 아파트는		우리 지역구 국회의원은	
25	많은 코디를 보유한 정수기회사는		우리 지역에 관할 소방서 위치는	
26	우리나라 은행은		우리 지역구 차기 추천하고 싶은 국회의원은	
27	오동통한 라면은		이전 시장의 소속정당은	
28	생감자로 만든 스낵은		우리 가족이 자주 가는 재래시장 단골집은	
29	그녀의 프리미엄은		우리 집과 가장 가까운 파출소는	

	상업성 정보질문		공공성 정보질문	
번호	질문내용	정답	질문내용	정답
30	내입에 안성맞춤 라면은		지역정책에 대한 의견개진 창구는	
31	아이들에 눈높이에 맞춘 학습지는		우리 지역 환경단체는	
32	대한민국 1% 차는		공원에 애완동물 반입금지이유를 아는가	
33	사나이 울리는 라면은		우리 지역에서 활동하는 환경운동가는	
34	내 맘대로 즐기는 TV는		동사무소는 행정업무 외에 무얼 하나	
35	무이자 무이자 대출은		우리 고장에 위인은	
36	500-4949 전화해야하는 보험회사는		우리 고장 독거노인의 수는	
37	여자라서 행복한 냉장고는		우리 구청, 시청 주차료가 유료인가 무료인가	
38	불가리아에서 먹는 유산균요구르트는		우리 지역 소년소녀가장 수는	
39	함께 즐기는 피자는		우리 지역 청년단체는	
40	감기 조심하기 위해 마시는 것은		우리 집 앞의 눈을 치워 본 적이 있는가	
41	치킨이 생각날 때는 어디로 가야 하나		우리 지역 관공서 장애인 방문 시 편리성은	
42	30대 이후는 무슨 자산이 있어야 하나		우리 지역 대표적 자원봉사 단체는	
43	걸렸구나 생각날 때 먹어야 하는 약은		우리 지역 전국체전 주최 연도는	
44	일요일에 먹어야 하는 라면은		지난 지방선거 때 나는 투표를 했는가	
45	고향의 맛 조미료는		우리 지역 청소년 상담기관은	
46	지금 필요한 인터넷은		공직자 비리 신고전화번호는	
47	건조해지지 않는 비누는		우리 고장 심벌마크는	
48	핀란드 국민이 자기 전에 씹는 껌은		지하철 대피요령을 아는가	
49	아임 러빙 인 잇 햄버거는		청각애인과 대화할 수 있는가	
50	또 하나의 가족은		KBS1의 수신료는 얼마인가	
총계	총계×2=(자신의 상업정보 축적 점수)		총계×2=(자신의 공공정보 축적 점수)	

출처: 문윤수, 재미있는 광고에 도시락을 던져라, 철학과 현실사, 2004

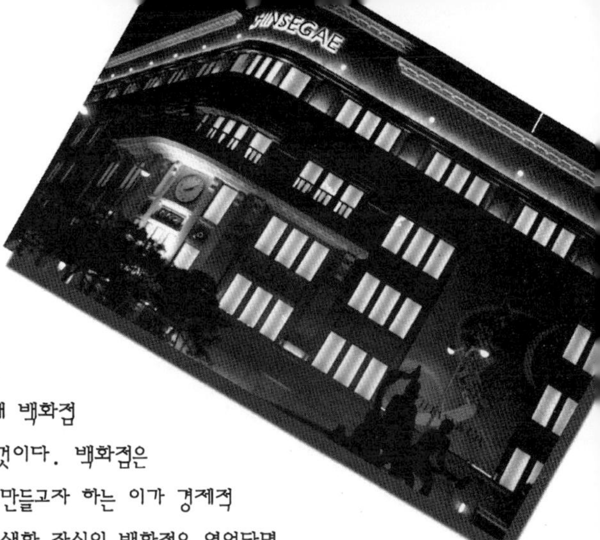

⑨ 자본주의 궁정

백화점의 형태가 과천 정부종합청사와 같이 그야말로 정육면건물로 장식이 없다면 어떨까 한다. 아마 많이 어색해 백화점이 아니라 관공서임에 틀림이 없다 할 것이다. 백화점은 백화점 건물 자체가 광고다. 백화점을 만들고자 하는 이가 경제적으로 여의치 않아 어느 건물을 임대해 궁색한 장식의 백화점을 열었다면 곧 망할 것이다. 왜냐하면 백화점이 궁색하다면 늘 자기생활을 궁색하다 불만인, 자본주의사람들에게 출입매력이 더 이상 존재하지 않기 때문이다.

백화점은 우리의 일상생활보다 훨씬 높은 계층의 삶을 조성해 놓는다. 말하자면 귀족들의 거주하는 옛 '궁정(宮廷)'의 모습을 닮았다는 것인데 이는 단순히 그 물리적 건물 형태만을 본떴다는 것이 아니라 그 궁정 내부에서 일어나는 귀족이야기 모두를 닮았다는 것이다. 아니 닮아야 한다. 사실 검소함에 찌든 자본주의 사람들이 그 검소함이 미덕이라 굳건하지만 때론 옛 궁정귀족들처럼 사치도 부려 보고 싶다. 왜냐하면 사치와 낭비로 국고를 탕진한 '마리앙투아네트' 처단이 당연하지만 그녀의 생활은 사실 부럽기 그지없기 때문이다. 결국 백화점은 그러한 사람들의 은밀한 이중성의 아이디어를 첫 번째 적용시킨 장소다. 그래서 백화점 자체는 아주 사치스러울 정도로 아름다워야 하며 진정 백화점이 성공하려면 그녀가 누렸던 모든 조건을 구비해 놓으면 된다. 말하자면 거대한 궁정건물, 공주왕관, 몸종 같은 점원, 사치스러운 가격, 엄청난 전력사용량, 등등 소비적인 면에서 약해 보이는 모습은 사람들을 내부로 절대 끌어들이지 못한다. 그런 면에서 본 사진 속 백화점은 국내에서 가장 그 모습을 닮았다.

(사진출처: 박종진, 2006)

⑩ 소비자 광고수단, 지하철

지하철을 타면 심심하지 않다. 왜냐하면 읽을거리가 참 많기 때문이다. 그러나 이는 뭘 모르는 소리다. 사실 그 읽을거리는 불필요하며 중요하지도 않기에 우리의식의 낭비요 사회적 손실이다. 우리가 사는 공간에는 필요 이상의 광고가 너무 많다. 그래서 어느 학자는 '과잉소통(over-communication)'이라 말하는데 이에 대하여 또 어떤 학자는 그래서 우리의 의식이 광고주에 의해 식민지화되었다 한다.

우리의 생활세계, 지하철이라는 공간은 우리의 주체성이 보존돼 공공성이 충만해야 하는 공간이다. 만약 어쩔 수 없이 상업광고를 거기에 내걸어야 한다면 상업광고가 그 공공정보에 버금갈 수 없다. 지난 대구지하철화재 참사도 우리의 생활세계 지하철이라는 공간에서 진정 알아야 할 정보(출입문 수동작동방법)가 부재한 탓에 더 많은 피해가 발생했다. 시민들이여! 우리가 지하철에서 진정 알아야 할 정보는 광고가 아니라 공공정보입니다. 본 사진은 현재 모든 지하철의 광고가 공공정보보다 더 우선한 상태를 보여주고 있으며 그로 인해 지하철이라는 공간에서 우리의 생활세계가 얼마나 축소 당하는지 감지하게 되는 사례다. 결국 지하철은 시민을 위한 교통수단이 아니라 소비자를 위한 광고수단인 것이다.

(사진출처: 박종진(한국), 2007)

⑪ 복합쇼핑몰

쇼핑에 대한 종합선물세트가 백화점이라면 하루생활의 종합선물세트는 '복합쇼핑몰' 이다. 무엇보다 식사, 쇼핑, 문화체험, 전시, 패션, 교육, 교통 등 이 모든 것을 이곳에서 한꺼번에 할 수 있어 효율적 생활동선이 아닐 수 없다. 그러나 이러한 종합선물세트에도 문제가 존재하는데 종합선물세트라는 것 그 자체가 바로 문제다. 사실 사람들의 하루생활은 다양하고 무궁무진한 수많은 선택들이 존재한다. 그래서 사람들의 생활모습은 각자 독특하기 마련이다. 그러나 이 세트에 들어서는 순간 사람들 모두는 천편일률적 하루(소비)를 보내게 되는데 그래서 생각해 보면 천박한 자본주의체험관이 아닐 수 없다. 물론 인간이 동물보다 그 통제에서 벗어날 의지가 투철한 만큼 거정도 팔자라 할 수 있겠지만 요즘 젊은이들을 보면 팔자만은 아닌 듯하다.

우리는 어린 시절 투명플라스틱 개미집을 꾸며 놓고 그 속에서 생활하는 개미의 분주한 움직임에 신기해했다. 그런데 그 복합쇼핑몰은 그 개미집과 너무도 닮아 있다. 그러나 다른 점도 있는데 개미는 하루 종일 생산을 위해 분주하지만 사람들은 소비만을 위해 분주하다는 것이다. 결국 복합쇼핑몰은 그야말로 하루 종일 소비만으로 채워낼 수 있는 종합선물세트가 아닐 수 없다. 그러나 사회적으로 늘 이렇게 소비만으로 채워가는 공간이 날로 증가한다면 시민사안은 어디서, 언제 하게 되는지 궁금하게 된다. 그마나 존재하는 시민의 날, 투표 날마저도 거기서 하루를 보낼 것을 약속하는 소위 지성인들인, 대학생들은 진정 시민이 되고 싶은 걸까? 소비자가 되고 싶은 걸까?

본 사진은 그 대표적인 복합쇼핑몰 중에 하나다. 기차역과 결합된 본 복합쇼핑몰은 사람들의 출입이 그 어느 때보다 많다. 그러나 시민적 사안꺼리는 하나도 없다. 하루 종일, 그것도 오로지 소비만 할 수 있다.

(사진출처: 박종진(한국), 2007)

참고문헌

Alway, J. (1995). *Critical Theory and Political Possibilities-Concept of Emancipatory Politics in the Works if Horkheimer, Adorno, Marcuse, and Habermas.* Westport Connecticut / London: Greenwood Press.

Alan, T. (1982). *The Incorporation of America: Culture and Society in the Gilded Age* New York,: Hill and Wang.

Ann, S. (2001). *Going Shopping: Consumer Choice and Community Consequences,* Yale University Press, New Haven and London.

Arato, A., & Cohen, J. (1992). "Civil Society and Social Theory", inP. Beiharz G. Rbinson, & J. Rundell eds., Between Toralitarianism and Postmodernity, Mass., The MIT Press.

Barthes, R. (1980). Mythologies, New York: Hill and Wang.

Beniger, J. R. (1986). The Control Revolution: Technological and Economic Origins of the Information Society, Cambridge: Harvard University Press.

Berger, P. (1967). The Sacred Canopy: Elements of a Sociological Theory of Religion. NY: Doubleday

Bolen, W. H. (1983). Advertising, New York: John Wiley & Sons.

Braverman, H. (1974). Labor and Monopoly Capital: The Degradation of Work in the Twentieth Century, New York and London, Monthly Review Press.

Bocock, R. (1992). "Consumption and Lifestyle", in R. Bocock et.al.(ed.)(1992) *Social and Cultural Form of Modernity,* Polity Press., pp.118-167.

Coontz, S. (1997). *The Social Origins of Private Life: A History of American Families,* 1600~1900, London and New York: Verso.

Chandler, A. (1977). The Visible Hand: The Managerial Revolution in American Business, Cambridge: The Belknap Press of Harvard University Press.

Eckersley, R. (1990). "Habermas and Green Political Thought-Two Road Diverging" *Theory and Society*, 19(6).

Etrenne, B. (1989). "Citoyen sujet"(Response **a** la question de J.-L. Nancy: Quivient aprés lesujet:). Cahiers Confrontation, n 20, hiver 1989, p.43.

Farganis, J. (1975). *"A Preface to Critical Theory" Theory and Society*2: 483~508.

Ewen, S. (1976). *Captains of Consciousness: Advertising and Social Root of the Consumer Culture.* New York: Mcgra-Hill.

Filene, E. A. (1931). Successful Living in the Machine Age, New York.

Frank T. A. (1997). R. Goodwinet. al.(ed), *The Consumer Society*, Covelo: Island Press.

Giddens, A. (1985). "Reason without Revolution?-Habermas's Theorie des Kommunicative Handelns" In R. J. Bernstein(ed.), *Jürgen Habermas and Modernity.* Cambridge: Poity Press.

George, R. (2000). The McDonaldization of Society, Pine Forge Fress.

Granovetter, M. (1985). *"Economic Action and Social Structure: The Problem of Embeddedness,."American Journal of Sociology.* 91: 481~510.

Grunig, J. E. (1978). Defining Publics in Publics relation: The case of a suburban hospital. *Journalism Quarterly,* 55, 109~118

Grunig, J. E. (1982). The massage-attitude-behavior relationship: Communication Behaviors of Organizations *Communication Research,* 9, 163~200.

Grunig, J. E. (1983a). Communication, behaviors and attitudes of environmental publics: The studies *Journalism monographs,* 81.

Grunig, J. E. (1983b), Washington reporter publics of corporate public affairs program, *Journalism Quarterly,* 60, 603~615.

Goldman, R. (1992). *Reading Ads Socially,* New York: Routledge.

Gramsci, A. (1971). *Selections from the Prison Notebooks,* New York: International Publisher.

Helen, U. (1953). *Day of the harvest,* Indianapolis: Bobbs-Merrill Company.

Harvey D. (1988). *Voodoo cities, new statesman and society*, 30 september: 33~35.

Habermas, J. (1962). *Strukturwandel der Offentlichkeit*, Neuwied; Luchterhand.

Habermas, J. (1970). *Toward a Rational Society*. Boston: Beacon Press.

Habermas, J. (1981). *Theorie des Kommukativen Handelns*, Frankfurt: Suhrkamp.

Habermas, J. (1989). The Structure Transformation of the Public Sphere: An Inquiry into Category of Bourgeois Society(1962). Translated by Thomas Burger with the assistance of Frederick Lawrence. Cambridge: Policy.

Harrison, P. G. (1929). *Tomorrow's Advertisers and Their Advertising Agencies*, New York.

Hartley, J. (1989). "Invisible Fictions: Television Audiences, Paedocracy, Pleasure", Gary Burns and Robert J. Tompson, eds., *Television Studies*: *Texture Analysis*(New York: Praeger).

Holub, R. C.(1991). *Jürgen Habermas*: *Critic in the Public Sphere*, Routledge.

Hon, L. C., & Grunig, J. E. (1999). *Guidelines for measuring relationships in public relations*. The Institute for Public Relations. Gainesville, FL.

Jenny Onyx & Paul Bullen(2000), *Measuring Social Capital in Five Communities*, The Journal of Applied Behavior Science, Vol.36 No.1.

Jhally, S. (1987). *The code of Advertising-Fetishism and political economy o of meaning of in the consumer society*, Martin's Press.

Jochim, K(최인숙 역). (1970). *Einfuhrung in die Philosophie der Aufklarung*: *Die theoretischen Grundlagen*(Dramstadt).

Jonathan, H., Turner, L. B., & Charles, H. P. (1995). The Emergence of Sociological Theory, Wadswoeth Publishing Co., A Division of International Thomson Publishing Inc.

Kebir, S. (1991). *Gramsci's Zivilgesellschaft*, Hamburg: VSA.

Kennedy, M. C. (1968). The Division of Labor and Culture of Capitalism: A critique, satate University of New York at Buffalo.

LHJ(*Ladies' Home Journal*), January 1992, July 1928.

Learmans, R. (1993). 'Learning to Consume: Early Department Store and the Shaping of the Modern Consumer Culture(1860~1914)', *Theory, Culture*

& Society, 10(4): 79~102.

Leibenstein, H. (1950). 'Bandwagon, Snob and Veblen effect in the theory of consumers' demand', Quarterly Journal of Economics, vol.64, pp.183-207.

Lynd, R. S., & Hanson, A. C. (1933). The People as Consumers', in *President's Research Committee on Social Trends: Recent Social Trends in the Unites States.* McGraw Hill: 857~911.

Luke, T. W., & White, S. K. (1985). "Capital Theory, the Informational Revolution, and Ecological Path to Modernity." In J. Forester(ed.), Critical Theory and Public Life. Cambridge: MIT Press.

Lasch, C. (1985). The Minimal Self: Psychic Survival in Troubled Times (1984) Pan.

Marchand, R. (1985). Advertising the American Dream, Making Way for Modernity, 1920~1940, London: University of California Press.

Marcuse, H. (1964). *One-Dimensional Man.* Boston: Beacon Press.

Marcus, G. (1989). *Lipstick Traces-A Secret History of The Twentieth Century,* Harvard University Press.

Marx, K. (1974). Economic and Philosophical Manuscripts of 1844. Moscow: Progress Publishers.

Marx, K. (1976). Capital(vol.1.). B. Brewster (tr.), Penguin, London.

McCracken, G. (1987). "Advertising: Meaning or Information." in M.Wallendorf and P.F.Anderson(eds.), *Advances in Consumer Research,* Provo, UT: Association For Consumer Research.

Mann, H. M. (1974). "Advertising, Concentration, and Profitability: The State of Knowledge and Directions for Public Policy." In Harvey J. Goldschmid and associates(eds.), *Industrial Concentration: The New Learning.* Boston, Mass.:Little, Brown, pp.137-156.

Martineau, P. (1971). *Motivation in Advertising,* New York: McGraw Hill.

Martyn, J. L. (2000). *The Consumer Society Reader,* Blackwell Publisher (United Kingdom).

McGoven, C. (1998). "Consumption and Citizenship in the United States, 1900~1940, in S. Strasser et. al.(eds) *Getting and American Consumer*

Societies in the Twentieth Century, Cambridge University Press.

Meyers, S. (1981). *The Five Dollar Day*, Albany: State University of New York Press.

Mukerji, C. (1983). *From Graven Images: Patterns of Modern Materialism*, Berkelely: University of California Press.

Morris, Stephen (2000). "Contagion", Review of Economic Studies 67: 55~78.

Morel, D., & Chen, K. (1996). *Stuart Hall: Critical Dialogues in Cultural Studies*, New York: Routledge.

Marion, L. J. (1962). Some Aspect of Individualism and the Problem of Modernization in China and Japan", Economic Developement and Cultural Change, vol.10, no3.

Mattelart, A. (1991) Advertising International: The Privatization of Public Sphere, London: Routledge.

Mayer, K. (1986). Understain: The Sence and Seduction of Advertising, London: Comedia Publishing Group, 강준만, 박주하, 한은경 편역, 1994, 「광고의 사회학」, 한울.

Merritt, R. S. (1995). Technological Determinism in American Culture in M. Smith and Loe Marx eds. Does technology Drive History?: 1~52.

Mick, D. G., & Klaus, B. (1992). "A Meaning-Based Model of Advertising", *Journal of Consumer Research*, 1(December), 317~338.

Mintz, S. & Kellog, S. (1988). *Domestic Revolution: A Social History of American Family Life*, N.Y.: Free Press.

Nicholas. A., Stephen, H., & Bryan, S. T. (2000). The Penguin Dictionary of Sociology, fourth Edition, Penguin books.

Oranstein, S. I. (1977). *Industrial Concentration and Advertising Intensity*. Washington, D. C.: American Enterprise Institute.

Polanyi, K. (1957). *The Great Transformation*, Boston: Beacon Press.

Peter, T. (1999). Modernities: A Geohistorical Interpretation, Minnesota University Press, pp.164~124("Americanization").

Peyton, Y. H. (1999). "Diffusion in social Network." Center on Social Economic Dynamics, Working Paper No.2.

Peter, C. (1997). The Sociology of Consumption, SAGE publishing Company.

Ploch, J. M. (1990). *Sémiotique, marketing et communication,* Paris: Presses Universitaires de France.

Putnam, R. D. (1993), *Making Democracy Work.* Princeton: Princeton University Press.

Putnam, R. D. (1994). *Making Democracy Work Civic Traditions in Modern Italy.* Princeton: Princeton University Press.

Putnam, R. D. (2000). *Bowling Alone*: The Collapse and Revival of American Community. New York: Simon and Schuster.

Richard. P. A. (1981). TV advertising-The Subtle Sell, *Understanding Television*: *Essay on Television as a Social and Cultural Force*(New York: Praeger).

Roger, E.M. (1995). *Diffusion of Innovation,* The Free Press.

Robertson, R. (1970). *The Sociological Interpretation of Religion,* New York: Schocken Books.

Rotzoll, K. B., Haefner, J. E., & Sandage, C. H. (1986). *Advertising in Contemporary Society*, Cincinnati, Ohio: South-Western Publishing Co.(한상필 외, 현대사회와 광고, 1994, 한나래)

Ritson, M., & Elliot, R. (1999). "The Social uses of advertising: An ethnographic study of advertising audience." *Journal of Consumer Research,* vol.26, no.3.

Sadie, P. (1992). The Most Radical Gesture, Routledge.

Schiller, H. I. (1987). *Old Foundation for a New*(*Information*) *Age*, in Schement and Lievroux, ch.2.

Scott, W. D. (1917). *Increasing Human Efficiency in Business.* NewYork.

Schiller, H. I. (1992). 'The Context of Our Work', *Société Française des Sciences de l' Information et de la Communication.* Huitième Congrès National, Lille, 21 May: 1~6.

SEP(*Saturday Evening Post*), December 7, 1929.

Sherry, J. f. (1987). "Advertising as a Cultural System", in Marketing and Semiotics, ed. J. Umiker-Sebeok, New York: Mouton de Gruyter, 441~461.

Schudson, M. (1984). Advertising, the Uneasy Persuasion, New York: Basic Book.

Steven, G. (1986). "The Rise and Rise of McDonald's", *New York Times*. 6. 8., section 3, 1.

Stephen M. F. (1992). Vinyl Leaves: Walt Disney World and America, Boulder, CO: Westview Press.

Swedberg, R., & Himmelstrand, U. (1987). "The Paradigm of Economic Sociology: Premises and Promises." *Theory and Society*. 16: 169~214.

Taylor, P. (1999). *Modernity: A Geohistorical Interpretation,* Minneapolis: University of Minnesota Press.

Taylor, P. (2000). "Havens and Cages: Reinventing States and Households in the Modern World-System", *Journal of World-System Research*, VI, 2, Summer / Fall. (http://csf.colorado.edu/jwsr)

Telse, L. P.(1968), Some Aspects of the Economics of Advertising, *Journal of Business,* 41, 166~173.

Adorno, T. W. (1938). "Uber Fetischcharakter in der Musik und dieRegression des Horens", *Zeitschrift für Sozialforschung*, vol.7, Librairie Felix Alcan, Paris, pp.330-331.

Thompson, D. (1943). Voices of Civilization: An Enquiry into Advertising. London.

Tony, S. (1983). Media: The Second God, New York: Anchor Books.

Thompson, E. P. (1967). "Time, Work-Discipline, and Industrial Capitalism", Past and Present, 38(December 1967), pp.56-97.

Williamson, J. (1978). Decoding Advertisement: Ideology and Meaning in Advertising, London: Marion Boyars.

Williams, R. (1980). "Advertising: the Magic System", Problem in Materialism and Culture, London: Verso.

Wright, D. E., & Robert E. S. (1980). "Consumption as Ritual in the High Society", in *Ritual and Ceremonies in Popular Culture,* ed. R. B. Browne, Bowing Green, OH: Bowling Green University Popular Press, 326~337.

강남국, 여가사회의 이해, 형설, 1999.

강내희, 한국의 문화변동과 문화정치, 문학과학사, 2003.

강명구, 광고와 문화적 역할에 관한 연구: 광고에 나타난 전통문화의 비판적 이해, 한국방송광고공사, 「광고연구」 1989년 여름호, pp.61-83.

강준만 외, 광고의 사회학, 닥나무, 1993

강준만, 광고이야기(광고공화국 '고독한 군중'), 월간 말 vol.94, No.7, 1994.

강준만, 광고대행사가 지배하는 대중문화, 월간 말, 통권 82호, 1993.

강준만, 대중매체의 이론과 사상, 개마고원, 2002.

강준만, 광고회사가 만드는 신세대 '가상현실', 월간 말 통권 98호, 1994.

강대인 역(John Tomlinson), 문화제국주의, 1994.

길예경 외 역(Kalle Lasn), 애드버스터, 현실문화연구, 2004.

김광명, 서구 시민사회의 시민의식과 시민교육, 한국국민윤리학회 국민윤리연구 37호, 1997.

김경호, 엔터테인먼트가 아니라 삶의 실제로서의 광고를, 광고정보, 한국방송광고공사 7월호, 2003.

김기태, TV간접광고 실태와 시청자제언(TV간접광고, 정보인가? 광고인가?), 한국소비자연맹 소비자토론회, 2001.

김종덕 역(G,eorge Ritzer), 맥도날드 그리고 맥도날드화, 시유시, 2003.

김명윤 역(Walt Whitman Rostow), 經濟成長의 諸段階, 장문각, 1971.

김봉철, 한국광고산업의 구조적 특성에 관한 연구(타 산업과의 상호 연관관계 분석을 중심으로), 언론과학연구 제3권 2호, 2003.

김봉철, 광고산업의 국민 경제적 기여도 분석, 광고학연구 13권 1호, 25～53, 2002.

김태영, 국제경쟁력 강화를 위한 시민교육의 방향, 국제경쟁시대의 시민교육의 새로운 도전-이념과 목표, 한국사회과교육학회, 사회와 교육 19호 1994.

김호기, 민주화, 시민사회, 시민운동, 한국정치학회 6,10 민주화 운동 학슬회의, 1, 1997.

강준만, 대중매체의 이론과 사상, 개마고원, 2002.

강준만, 광고회사가 만드는 신세대 '가상현실', 월간 말 통권 98호, 1994.

강현두, 현대사회와 대중문화, 나남, 1998.

공보처, 2002 시민의식 국제비교조사.

공유식 외, 신경제사회학의 이해, 역사비평사, 1994.

김광명, 서구 시민사회의 시민의식과 시민교육, 한국윤리학회 국민윤리연구 37호, 1997.

김미숙 외 역(Anthony Giddens), 현대사회학, 을유, 2001.

김문조 외 역(Jonathan H. Turner, Lonard Beeghley & Charles H. Powers), 사회학이론의 형성, 일신사, 1996.

김승수, 정보기술과 정보사회의 통제역학에 대하여, 한국언론학보 제23집, 1988.

김유동 외 역(Horkheimer, M. and T. Adorno), 계몽의 변증법, 문예출판사, 1995.

김영찬, 광고비평의 이해, 한울아카데미, 2004.

김영신 외, 소비자법과 정책, 교문사, 2000.

김인숙, 광고가 유도하는 주부소비자의 소비문화, 응용과학연구 제10권 제10호, 2001.

김재현 외, 하버마스의 사상, 나남, 2001.

김창남, 대중문화의 이해, 한울, 2003.

김태영, 민주시민교육의 이념과 목표, 민주시민교육 어떻게 할 것인가, 민주시민교육 방향정립을 위한 국민 대토론회(사회과학교육학의 주최), 1994.

김호기, 민주화, 시민사회, 시민운동, 한국정치학회, 6월 10일 민주화운동 학술회의, 1997.

김호기, 그람시적 시민사회론과 비판이론의 시민사회론, 경제와 사회 제19권, 1993.

김호기 외, 시민사회와 시민운동(그람시적 시민사회론과 비판이론의 시민사회론), 한울, 1995.

김영신 외, 소비자법과 정책, 교문사, 2000.

나종일 외 역(Edward Palmer Thompson), 영국 노동계급의 형성, 창작과 비평사, 2000.

남수정, 김기옥, 정보사회의 소비자 개인정보보호에 관한 연구, 대한가정학회지 제37권 10호, 1999.

뉴스위크 한국판, 텔레비전 대변혁과 비래, 2005년 6월 15일자 36면.

류명석, 한국인의 주식투자 행위에 관한 사회학적 연구(주식투자자의 확산과 전이효과(herding effect)를 중심으로), 고려대학교 일반대학원 사회학과 박사학위논문, 2001.

리대룡 외(William F. Arens), 현대광고론, 한국맥그로힐, 2002.

마정미, 광고로 읽는 한국사회문화사, 개마고원, 2004.

문애란, 광고심의(사회를 변화시키는 힘 광고), 한국광고자율심의기구, 2004
년 6월호.

문영숙, 잡지광고의 정보내용분석 연구, 코래드, 1995.

문윤수, 재미있는 광고에 도시락을 던져라, 철학과 현실사, 2004.

문윤수 외, 정보사회에서 사회통제로서 광고연구(IMC광고기법이 활용된 할
인카드시스템을 중심으로) 2004년도 한국사회학회 후기학술대회.

문윤수 외, 광고환경에 따른 청소년 소비행위 연구, 2005년 한국광고홍보학
회 춘계 학술대회.

문윤수, 사이코 그래픽스 유형에 따른 광고수용도에 관한 분석, 경희대학교
일반대학원 사회학과 석사학위 논문, 2001.

박성환 역(Walter Benjamin), 발터 벤야민의 문예이론, 민음사, 2003.

박웅희 역(John de Graaf, David Wann & Thomas Naylor), 어플루엔자, 한
숲, 2002.

박윤근, 놀이문화공간으로서의 강남역에 대한 연구, 경희대학교 일반대학원
사회학학과, 2001.

박주하, 상품기호로서 광고의 특성에 내포된 상품논리와 문화적 함의에 관
한 연구, 성균관대학교 일반대학원 신문방송학과 박사학위논문, 1995.

배영달 (Jean Baudrillard), 보드리야르의 문화읽기, 백의, 1998.

백지숙 역(Stuart Ewen), 이미지는 모든 것을 삼킨다(소비사회와 스타일의
문화정치학), 시각과 언어 1997.

백종국, 한국의 국가, 시민사회, 그리고 지배연합의 변동: 신중상주의 지배
연합에서 천민자본주의적 지배 연합으로, 경남대학교 극동문제연구
소 한국정치사회의 새 흐름, 1993.

변시민, 사회학개론, 박영사, 1998.

서관모, 시민성 개념의 새로운 구축을 위하여 에티엔 발리바르(Etrenne Baliar)
의 "인권의 정치" 문제설정, 한국사회학회, 경제와 사회 제31권, 1996.

서울신문, 2004년 3월 4일(화요일), '미래의 고객' 어린이 눈높이에 맞춘다.

석현호 외, 사회학, 그린, 2004.

손장권, 류명석, 한국 TV광고 유형의 결정요인에 관한 연구, 교육논총 제28
　　　집,1996.

시민사회포럼, 시민사회와 시민운동, 아르케, 2002.

신태섭, 현대광고의 의사종교적 성격에 관한 연구, 한국광고홍보학회(구한국
　　　광고교육학회) 한국광고학보, Vol.1, No.1, 1999.

심길중, 미디어 제2의 신, 리을, 1994.

심현식 역(Morris Berman), 미국문화의 몰락, 황금가지, 2002.

심광현, 전자복제시대와 이미지의 문화정치, 벤야민 다시 읽기, 문화과학,
　　　문화과학사, 1996 봄호.

안정옥, 현대미국에서 "시간을 둘러싼 투쟁"과 소비적 현대성: 노동, 시간과
　　　일상생활, 서울대학교 일반대학원 사회학과 박사학위논문, 2002.

안청시 외 역(Putnam, Robert D), 사회적 자본과 민주주의(이탈리아 지방자
　　　치와 시민적 전통), 박영사, 2000.

오경환, 종교사회학, 서광사, 1990.

오택섭 외, 미디어와 정보사회, 나남, 2003.

유홍준 외, 과소비행위의 분산 요인에 대한 이론적 연구: 기회−선호 모델
　　　에 기반으로, 후기사회학대회, 1997.

윤숙현, 정보사회의 소비문화에 관한 고찰, 호남대학교 논문집 제21집 2호,
　　　2000.

윤선희 광고문화(소비의 정치경제학), 한나래, 1996.

이강수, 대중문화의 문화산업론, 나남, 1998.

이규현 역(Jean Baudrillard), 기호의 정치경제학 비판, 문학과 지성사, 1993.

이기춘 외(Robert N. Mayer), 도서출판 하우, 1996.

이상율 역(Grant McCracken), 문화와 소비−소비재와 소비행위의 상징적인
　　　성격에 대한 새로운 접근, 문예출판사, 1996.

이상율 역(Jean Baudrillard), 소비의 사회(그 신화의 구조), 문예 출판사, 1997.

이성용 외(Peter Corrigan), 소비의 사회학, 그린, 2002.

이시재, 사회발전과 생활세계의 구조(사회발전과 사회운동), 숭실대학교 기
　　　독교 사회연구소, 한울, 1990.

이수범 역(Varda Langholz Laymore), 숨겨진 신화, 참미디어, 1999.

이수범, 시민 관계성이 도시 이미지에 미치는 영향에 대한 연구, 한국광고

학회 제15권 1호(2004년 봄), 2004.

이정화, 이지현 역(Robet E. Young), 하버마스의 비판이론과 담론교실, 우리교육, 2003.

이진희, 현대사회의 민주 시민성에 대한 고찰, 한국국민윤리학회, 국민윤리연구, 제53호, 2003.

이한주 역(Harry Braverman), 노동과 독점자본-20세기에서의 노동과 쇠퇴, 까치, 1998.

이해주, 사회교육 참여와 민주시민성의 관련성에 관한 연구, 서울대 박사학위논문, 1996.

임동욱 외, 정보사회와 광고, 이진출판사, 1999.

임종원 외, 소비자행동론, 경문사, 2000.

임희섭, 한국사회의 시민성과 이론적 고찰, 고려대학교 사회학과 제4회 정기 심포지엄.

장춘익 외, 하버마스의 사상, 나남, 2001.

전득주 외, 현대민주시민 교육론, 평민사, 1992.

전병재, 사회통제와 하버마스의 비판이론, 한국사회학회, 98 후기사회학회 발표문요약집.

전병재, 비판사회심리학의 이해, 인간과 사회, 경문사, 1997.

정영찬 외, SPSS프로그램을 활용한 따라하는 통계분석, 크라운, 2002.

전성우, 막스베버의 근대자본주의 발생론 ⅠⅡ, 한국사회학 20집, 여름호, 겨울호, 1986.

정숙경(Don Slater), 소비문화와 현대성(Consumer Culture and Modernity), 문예출판사, 2000.

정수복, 시민의식과 시민참여, 아르케, 2002.

정어지루, 순(純) 애드버타이징, 형설, 2000.

정어지루, 광고가 아동 사회화에 미치는 영향에 관한 연구, 한국광고홍보학회 춘계학술대회, 2002.

정어지루, 광고윤리론, 형설출판사, 1998.

정어지루, 광고의 사회적 평가에 관한 연구(전통적 비판이론을 중심으로), 한국광고홍보 학회, 1990.

정연우, 광고가 당신을 세뇌시키고 있다. 월간 말(6월호 통원48호), 1990.

정성우, 막스베버의 근대 자본주의 발생론 Ⅰ Ⅱ, 한국사회학 20집, 1986.

조동기 역(Frank Webster), 정보사회 이론, 나남, 1997.

조선일보, "신용판매가 당신의 호주머니를 노린다" 2005년 6월 4일(토) D2면.

차동필, 쟁점의 유형에 따른 공중의 문제인식 및 커뮤니케이션 행동에 관한
　　　연구, 경희대대학원 일반대학원 신문방송학과 박사학위논문, 2002.

차명제, 김경동 외, 참여민주주의 실현을 위한 시민사회와 시민운동, 아르
　　　케, 2002.

최기철 역(James B. Twitchell), 럭셔리 신드롬, 미래의 창, 2003.

최재현 역(George Ritzer), 현대사회학이론, 형설, 2000.

최평길 외, 사례중심 다변량분석론, 나남, 2000.

최현철 역(Stuart Ewen), 광고와 대중소비문화, 나남, 1998.

최인숙 역, 계몽철학: 그 이론적 토대, 서광사, 1995.

최임환 역, 아담스미스의 국부론(하), 을유, 1983.

한상필 역(Mark S. Albion, Paul W. Farris), 광고와 경제-광고의 경제적 효
　　　과에 관한 논쟁, 나남, 1995.

한 준, 박찬웅, 인터넷 사이트 간의 관계구조와 생태구조: 인터넷 이용자들
　　　의 사회적 배경과 특성을 중심으로, 한국사회학 제35집 3호, 2001.

색 인

•저자약력•

문윤수　　•약　력•
(文閏洙)　　목원대학교 광고홍보학과 졸업
　　　　　미국 미시시피 주립대학(The University of Mississippi(Ole Miss)/Oxford Campus)
　　　　　　　학부 파견학생
　　　　　경희대학교 사회학과 사회학석사(광고사회학)
　　　　　경희대학교 사회학과 사회학박사(광고사회학)
　　　　　경희대학교 정보사회연구소 연구원
　　　　　한국광고홍보학회 회원
　　　　　한국광고학회 회원
　　　　　한국사회학회 회원
　　　　　한국소비자학회 회원
　　　　　2006, 2007 대한민국 대학생 광고경진대회 집행위원
　　　　　연구분야: 영상사회, 광고사회학, 광고비평, 소비자주의
　　　　　現 목원대학교 사회과학대학 광고홍보언론학과 강의전담교수
　　　　　2007, 대한민국 고등학생 광고경진대회 집행위원

　　　　•주요논저•
　　　　「사회학적 상상력을 활용한 사회현상으로서 광고연구」
　　　　「생활세계의 식민지화로서 과잉커뮤니케이션된 상업적 커뮤니케이션(광고)연구」
　　　　『재미있는 광고에 도시락을 던져라』

•표지디자이너약력•

박종진　　•약　력•
(朴宗鎭)　　경희대학교 미술대학 서양학과 졸업
　　　　　한국수채화협회 회원
　　　　　한국미술협회 회원
　　　　　現 서울미술고등학교 실기교사, 책표지 미술가

광고 사회학

• 초판 인쇄	2008년 3월 5일
• 초판 발행	2008년 3월 5일
• 지 은 이	문윤수
• 펴 낸 이	채종준
• 펴 낸 곳	한국학술정보㈜
	경기도 파주시 교하읍 문발리 513-5
	파주출판문화정보산업단지
	전화 031) 908-3181(대표) · 팩스 031) 908-3189
	홈페이지 http://www.kstudy.com
	e-mail(출판사업부) publish@kstudy.com
• 등 록	제일산-115호(2000. 6. 19)
• 가 격	23,000원

ISBN   978-89-534-7499-4 93070 (Paper Book)
        978-89-534-7500-7 98070 (e-Book)